B

BLUE BOOK

智库成果出版与传播平台

高中教育蓝皮书

BLUE BOOK OF HIGH SCHOOL EDUCATION

中国高中教育发展报告（2020~2021）

DEVELOPMENT REPORT ON HIGH SCHOOL
EDUCATION OF CHINA (2020-2021)

高中教师高质量发展

主　编／蒋　承　雷振海
副主编／张思思　王天骄　陈其然

社会科学文献出版社
SOCIAL SCIENCES ACADEMIC PRESS（CHINA）

图书在版编目（CIP）数据

中国高中教育发展报告 . 2020 ~ 2021：高中教师高质
量发展/蒋承，雷振海主编 . -- 北京：社会科学文献
出版社，2021. 10
　（高中教育蓝皮书）
　ISBN 978 - 7 - 5201 - 9111 - 1

　Ⅰ. ①中…　Ⅱ. ①蒋…　②雷…　Ⅲ. ①高中 - 教育事
业 - 研究报告 - 中国 - 2020 - 2021　Ⅳ. ①G639. 2

　中国版本图书馆 CIP 数据核字（2021）第 200355 号

高中教育蓝皮书
中国高中教育发展报告（2020~2021）
——高中教师高质量发展

主　　编／蒋　承　雷振海

出 版 人／王利民
责任编辑／丁阿丽　路　红
文稿编辑／田正帅
责任印制／王京美

出　　版／社会科学文献出版社（010）59367194
　　　　　　地址：北京市北三环中路甲 29 号院华龙大厦　邮编：100029
　　　　　　网址：www. ssap. com. cn
发　　行／市场营销中心（010）59367081　59367083
印　　装／天津千鹤文化传播有限公司

规　　格／开本：787mm × 1092mm　1/16
　　　　　　印张：14　字数：207 千字
版　　次／2021 年 10 月第 1 版　2021 年 10 月第 1 次印刷
书　　号／ISBN 978 - 7 - 5201 - 9111 - 1
定　　价／168. 00 元

编　委　会

致　谢

本研究承蒙北京大学博雅教育研究基金资助和北京大学基础教育研究中心、北京大学教师教学发展中心支持，特致殷切谢意。

主要编撰者简介

蒋　承　北京大学教育学院高中教育大数据实验室主任、博士生导师，北京大学教育经济研究所研究员，中国教育发展战略学会高中教育专业委员会副理事长兼秘书长。教育部"国培计划"中小学校长领航班指导教授。主要研究方向为基础教育与高等教育的衔接、教育制度变革。

雷振海　中国教育报刊社原副社长，《中国教师报》原总编辑，编审。中国教育发展战略学会教师发展专业委员会理事长。

张思思　北京大学教育学院高中教育大数据实验室副主任，中国教育发展战略学会高中教育专业委员会副秘书长，主要研究方向为教育测量与评价。

王天骄　北京大学教育学院博士研究生，主要研究方向为教育经济与管理。

陈其然　北京大学教育学院科研助理，主要研究方向为教育经济与管理。

摘　要

2021 年 3 月 6 日，习近平总书记看望了参加全国政协十三届四次会议的医药卫生界与教育界委员，并参加联组会听取意见和建议。在联组会上习近平特别指出，"教师是教育工作的中坚力量。有高质量的教师，才会有高质量的教育。做好老师，就要执着于教书育人，有热爱教育的定力、淡泊名利的坚守，就要有理想信念、有道德情操、有扎实学识、有仁爱之心。广大思想政治理论课教师，政治要强、情怀要深、思维要新、视野要广、自律要严、人格要正"①。高质量教师对中国教育高质量发展具有基础性作用，建设高质量教师队伍是推动教育发展、提高教育质量的重要抓手和关键举措，要实现高中教育的高质量发展，提高教师队伍整体素质是必由之路。

总报告以"总览"视角总结了立德树人根本任务中教师队伍高质量发展要求、中国高中教师队伍发展现状、教师队伍高质量发展的评价与路径研究现状、教师队伍高质量发展目前面临的机遇与挑战，预测了教师队伍高质量发展的趋势与方向。调查篇采用 2001～2018 年教育部官方发布的《中国教育统计年鉴》的数据、北京大学教育学院高中教育大数据实验室与中国教育发展战略学会高中教育专业委员会共同组织开展的 2020～2021 年度"高中教育发展全国问卷调查"数据，对中国高中教师发展规模与结构、高中教师培训需求、县域高中教师职业发展特征等进行了定量分析研究。案例篇选取中国优质中学、县域中学、乡村中学、民办中学、艺术类中学、教育集团等具有

---

① 《把保障人民健康放在优先发展的战略位置　着力构建优质均衡的基本公共教育服务体系》，《人民日报》2021 年 3 月 7 日。

典型特征的各类教育组织为具体案例，从教师专业发展、教育扶贫工作、教师队伍党建工作等关键问题入手，探索中国教育队伍高质量发展的有效路径。

基于定量研究和案例与理论研究相结合的方法，主要有以下几个方面的研究发现。（1）在新冠肺炎疫情对教育系统产生冲击的背景下，教师应当积极主动适应教育的变化，提高自身的综合素养。（2）为促进教师队伍高质量发展，应构建正确有效的教师评价体系，探索"人工智能+卓越教师"的新型培养模式，推动高质量教师队伍的建设。（3）中国高中教师的工作压力和身心健康状况值得关注，大多数高中教师认为自己的身体状况处于一般或者较差状态，高中教师工作日平均每天工作约12小时，周末平均每天工作约6小时。（4）县域高中教师队伍结构不断优化，职业稳定性较高，但同时也存在教师队伍"老龄化"、年轻教师晋升困难、薪酬标准偏低等问题。（5）应进一步优化教师发展晋升和激励机制，虽然目前大多数高中教师对所从事工作较为满意，并且认同能从教师工作中获得满足感，但却认为教师职业发展前景一般。研究结果表明高中教师这一职业对女性的吸引程度更高，对高学历人才和顶尖人才的吸引力不足。（6）教师培训需求方面，当下中国高中教师亟须提高的是课程资源开发与利用能力。多数教师对自身教学科研能力评价较低，时间紧张、教学任务压力大是高中教师开展科研面临的最主要的问题。教师更偏好三个月一次、一次半天的由专家、学科名师进校进行讲座研讨的培训形式。（7）受区位、经济等因素影响，县域高中在发展中相较城区高中存在"先天不足，后天乏力"等客观情况，其中教师的可持续发展问题最为突出。问题集中体现在招聘难、留人难、进步难等方面，应从教师培养、实践以及归宿感的建立等角度入手破解这一难题。（8）高中教师党建工作对促进教师专业发展，提升学校教育教学水平发挥着重要作用，有助于为教师教学工作明确方向，有助于为教师德育工作贡献正向能量，有助于为教师日常工作提供积极动力。高中学校持续推进党建工作应注重三个"结合"：党建工作与立德树人相结合，理论教育、实践培育与制度规范相结合，党建工作方法与党员需求相结合。

关键词： 高中教育　教师队伍发展　教育资源优质均衡

目 录

Ⅰ 总报告

Ⅱ 调查篇

皮书数据库阅读**使用指南**

总 报 告

General Report

B.1

以高水平教师推动高中教育高质量发展

蒋 承 雷振海*

摘　要：　教师是教育的基石，建设高质量教师队伍是推动教育发展、提高教育质量的重要抓手和关键举措，要实现高中教育的高质量发展，提高教师队伍整体素质是必由之路。新时代培养人才的根本在于"立德树人"，教师是培养人才的关键角色，教师队伍的高质量发展意义重大。自20世纪末以来，党中央、国务院高度重视素质教育发展和教师队伍建设，颁布了一系列有关教师发展的相关政策，将提高教师队伍质量作为推动教育发展的重要环节。本报告回顾了近年来教师高质量发展的评价机制与路径研究，并在此基础上总结了以往研究的不足。本报告还对疫情防控常态化下教师队伍高质量发展面临的挑战和机

---

* 蒋承，北京大学教育学院高中教育大数据实验室主任、博士生导师，北京大学教育经济研究所研究员，中国教育发展战略学会高中教育专业委员会副理事长兼秘书长，主要研究方向为基础教育与高等教育的衔接、教育制度变革；雷振海，中国教育报刊社原副社长，《中国教师报》原总编辑，编审，中国教育发展战略学会教师发展专业委员会理事长。

遇进行了分析，认为教师应当积极主动适应新冠肺炎疫情影响下教育情况的变化，提高自身的综合素养。在教师发展体系上，本报告提出教师队伍专业化发展的关键在于通过构建正确有效的教师评价体系，探索"人工智能＋卓越教师"的新型培养模式，推动高质量教师队伍的建设。

关键词：　高中教育　教师队伍建设　高质量发展

一　立德树人关键角色下的教师队伍高质量发展要求

教育是"国之大计、党之大计"，党的十八大以来，中共中央、国务院高度重视教育工作，召开全国教育大会，印发《中国教育现代化 2035》。习近平总书记对教育工作非常关心，多次做出批示，指出要将立德树人作为教育的出发点和落脚点，建设高质量教师队伍，为教师队伍高质量发展提供有利条件，推动高中教育的健康发展。

（一）以立德树人为关键抓手的高中教育

习近平总书记强调，"教育是国之大计、党之大计。要从党和国家事业发展全局的高度，坚守为党育人、为国育才，把立德树人融入思想道德教育、文化知识教育、社会实践教育各环节，贯穿基础教育、职业教育、高等教育各领域，体现到学科体系、教学体系、教材体系、管理体系建设各方面，培根铸魂、启智润心"①。教师作为立德树人的关键环节和重要抓手，其作用极其重要。习近平指出，"教师是教育工作的中坚力量。有高质量的教师，才会有高质量的教育。做好老师，就要执着于教书育人，有热爱教育

---

① 《把保障人民健康放在优先发展的战略位置　着力构建优质均衡的基本公共教育服务体系》，《人民日报》2021 年 3 月 7 日。

的定力、淡泊名利的坚守，就要有理想信念、有道德情操、有扎实学识、有仁爱之心"。习近平强调，"要把师德师风建设摆在首要位置，引导广大教师继承发扬老一辈教育工作者'捧着一颗心来，不带半根草去'的精神，以赤诚之心、奉献之心、仁爱之心投身教育事业"①。

思想政治教育作为中国特色社会主义教育体系的重要代表和关键环节，对贯彻党的教育方针、培养社会主义建设者和接班人具有关键意义。办好思想政治教育，是要解决好培养什么人、怎样培养人、为谁培养人这个根本问题。2016年12月7日，习近平总书记在全国高校思想政治工作会议中强调，"教师做的是传播知识、传播思想、传播真理的工作，是塑造灵魂、塑造生命、塑造人的工作。教师不能只做传授书本知识的教书匠，而要成为塑造学生品格、品行、品味的'大先生'"②。2019年3月18日，习近平总书记在北京主持召开学校思想政治理论课教师座谈会时进一步强调，"办好思想政治理论课关键在教师，关键在发挥教师的积极性、主动性、创造性。思政课教师，要给学生心灵埋下真善美的种子，引导学生扣好人生第一粒扣子。第一，政治要强；第二，情怀要深；第三，思维要新；第四，视野要广；第五，自律要严；第六，人格要正"③。

（二）高中教师发展相关政策梳理

进入21世纪以来，中国社会经济快速发展，对于人才的需求大大增加，这对教育事业的发展提出了更迫切的要求。提高高中教育覆盖率、提升高中教师素质、促进高中教师发展成为21世纪高中教育发展的重要命题。

1. 办好素质教育，培养高质量教师队伍

为办好面向21世纪的教育，1998年12月24日，教育部发布了《面向

---

① 《把保障人民健康放在优先发展的战略位置　着力构建优质均衡的基本公共教育服务体系》，《人民日报》2021年3月7日。
② 《习近平首次点评"95后"大学生》，《人民日报》2017年1月3日。
③ 《习近平：用新时代中国特色社会主义思想铸魂育人　贯彻党的教育方针落实立德树人根本任务》，《人民日报》2019年3月19日。

21 世纪教育振兴行动计划》，提出要实施"跨世纪园丁工程"，大力提高教师队伍素质，加强师德建设，加强和改革师范教育，提高教师的培养质量。《面向 21 世纪教育振兴行动计划》曾提出于 1999 年、2000 年在全国选培 10 万名中小学及职业学校骨干教师（其中 1 万名由教育部组织重点培训）。1999 年 6 月 13 日，中共中央、国务院发布了《关于深化教育改革，全面推进素质教育的决定》，决定指出："要优化结构，建设全面推进素质教育的高质量的教师队伍。""把提高教师实施素质教育的能力和水平作为师资培养、培训的重点。""开展以培训全体教师为目标、骨干教师为重点的继续教育，使中小学教师的整体素质明显提高。""建立优化教师队伍的有效机制，提高教师队伍的整体素质，全面实施教师资格制度。""加强编制管理，精简富余人员，富余人员原则上在教育系统内部进行培训和安排。"[1] 2000 年 3 月，教育部印发了《中小学教师继续教育工程方案（1999—2002）》，旨在推动中小学教师的继续教育，提高教师队伍整体素质。

2. 促进教育公平，全面布局教师队伍发展

尽管当前中国包括高中在内的基础教育领域发展迅速，但是中国当前仍旧面临教育的区域发展不平衡、城乡差距过大的问题，中西部及乡村地区的许多儿童无法接受高中教育，同时，对于优秀教师的需求也更加迫切。习近平总书记强调，要"加强中西部欠发达地区教师定向培养和精准培训，深入实施乡村教师支持计划。要在全党全社会大力弘扬尊师重教的社会风尚，推动形成优秀人才竞相从教、广大教师尽展其才、好老师不断涌现的良好局面"[2]。

为解决落后地区教师短缺、教师队伍整体素质较低的问题，2004 年，教育部与国务院西部开发办印发了《2004—2010 年西部地区教育事业发展规划》，指出要加强教师培养与培训，拓宽教师来源渠道，提高教师队伍的

---

① 《中共中央国务院关于深化教育改革，全面推进素质教育的决定》，教育部官网，1996 年 6 月 13 日，http：//www. moe. gov. cn/jyb_ sjzl/moe_ 177/tnull_ 2478. html。

② 《把保障人民健康放在优先发展的战略位置　着力构建优质均衡的基本公共教育服务体系》，《人民日报》2021 年 3 月 7 日。

整体素质。同年，教育部发布了《关于下达"普通高中新课程骨干培训者国家级培训"任务的通知》，委托北京大学等十余所高校承担高中教师"国培计划"，培训英语、数学等学科教师。同年，为努力发展农村高中教育，促进农村高中教师的发展，教育部发布了《关于做好为农村高中培养教育硕士师资工作的通知》，安排了一定数量的农村高中师资计划，为农村高中培养教育硕士师资，为农村高中教师的继续教育提供更多机会。

2008 年，国培计划继续扩展，教育部办公厅下发了关于印发《2008 年中小学教师国家级培训计划》的通知，并依托网络平台推出"普通高中课改实验省教师远程培训""中西部农村义务教育学校教师远程培训""中小学班主任远程培训"等计划，进一步扩大了教师培训的覆盖范围。

2011 年，教育部下发了《教育部关于大力加强中小学教师培训工作的意见》，要求紧紧围绕新时期教育改革发展的中心任务，开展中小学教师全员培训，以实施"国培计划"为抓手，"推动各地通过多种有效途径，有目的、有计划地对全体中小学教师进行分类、分层、分岗培训"。"以农村教师为重点，有计划地组织实施中小学教师全员培训。全员培训要按照基础教育改革发展的要求，遵循教师成长规律，着力抓好新任教师岗前培训、在职教师岗位培训和骨干教师研修提高。"①

2015 年教育部印发了《普通高中校长专业标准》，对高中校长的工作职责提出了规范化、标准化和专业化的要求。2017 年 3 月，教育部等四部门发布了《高中阶段教育普及攻坚计划（2017—2020 年）》，要求加强教师队伍建设。该文件指出要适应高考综合改革的需要，根据城乡统一的编制标准要求核定教职工编制，为学校及时补充、配齐教师，特别是短缺学科教师。

3. 重视师德师风，提高新时代教师队伍整体素质

2018 年 3 月，《教育部等五部门关于印发〈教师教育振兴行动计划（2018—2022 年）〉的通知》发布，指出"要采取切实措施建强做优教师教

---

① 《教育部关于大力加强中小学教师培训工作的意见》，教育部官网，2011 年 1 月 4 日，http：//www. moe. gov. cn/srcsite/A10/s7034/201101/t20110104_ 146073. html。

育，推动教师教育改革发展，全面提升教师素质能力，努力建设一支高素质专业化创新型教师队伍"。同时指出要"引导鼓励有关高校扩大教育硕士招生规模，对教师教育院校研究生推免指标予以统筹支持"，实施举办"乡村教师素质提高行动""高水平教师教育基地建设行动"等措施，提高教师队伍整体素质，实现教师队伍发展。

2019 年 2 月，中共中央、国务院印发了《中国教育现代化 2035》，指出要建设高素质专业化创新型教师队伍。加强师德建设，强化职前教师培养和职后教师发展的有机衔接，夯实教师专业发展体系，推动教师终身学习和专业自主发展。

2020 年 2 月，教育部接连印发《关于疫情期间以信息化支持教育教学工作的通知》《关于在疫情防控期间有针对性地做好教师工作若干事项的通知》等，强调要充分利用网络教学组织方法、微课等资源，组织教师进行线上培训，指导开展网络教研，增强教师利用信息技术教学的意识和能力。

二　中国高中教师队伍发展现状

北京大学教育学院高中教育大数据实验室与中国教育发展战略学会高中教育专业委员会共同组织开展了 2020～2021 年度"高中教育发展全国问卷调查"，共有来自 13 个省（区、市）的 34 所高中的教师参与了"高中教师队伍发展现状调查报告"的填写工作，共回收有效问卷 955 份。通过对高中教师队伍发展现状进行研究，从教师个人特征、工作状况、未来发展规划三个维度进行分析，得出结论如下。

（一）高中教师个人特征

1. 性别方面

男女教师比例大致相同，女教师稍多于男教师。在填写问卷的 955 位教师中，男教师共 457 位，占比 47.9%，女教师共 498 位，占比 52.1%。班主任在高中教学中扮演着不可或缺的角色，对学校发展和教师教学产生极为重要的影响。本报告以性别为变量，探讨男性教师和女性教师谁更有可能担任班主任。在填写问卷的 457 位男性教师中担任班主任的人数为 245 人，占比 53.6%；在填写问卷的 498 位女性教师中担任班主任的人数为 118 人，占比 23.7%。可以看出来，男性教师更有可能担任班主任。

2. 学历方面

高中教师基本实现了本科及以上教育，但高学历者较少。专科学历的教师有 23 人（占比 2.4%），学历为本科的教师有 757 人（占比 79.3%），学历为硕士的教师有 158 人（占比 16.5%），学历为博士的教师有 14 人（占比 1.5%），另有 3 人的学历数据属于缺失状态。本科学历为"985"高校或"211"高校的教师为 211 人，占比 22.1%。本科学历为其他类型高校的教师为 743 人，占比 77.8%。可能是教师这一职业对高学历人才和顶尖人才的吸引力不足，也可能是师范类学科设置方面的问题，大多数名校所设置的师范类学科较少。诸多原因导致高学历名校教师供给不足。

3. 年龄结构方面

青年教师占比最高，高中教师队伍不断年轻化。根据联合国卫生组织对年龄的划分标准，本次填写问卷的教师中青年教师有 716 人（占比 75.0%），中年教师有 233 人（占比 24.4%），老年教师有 6 人（占比 0.6%）。

（二）高中教师工作状况

1. 工作内容方面

（1）教师数量在各学科中的分布比例较为合理，数学教师担任班主任的比例较高。高中正是学生学习的重要阶段，学生面临较大的高考压力，班主任在班级管理中发挥着重要的作用，数学教师担任班主任具有较大优势，因为数学是高中最为重要的科目之一，数学教师担任班主任可以增加学生对数学的关注度，并且班主任与学生相处时间长，可以潜移默化地促进学生学习数学。另外，数学老师逻辑思维能力强，对问题的分析深入透彻，可以在日常的管理中很好地应用数学思维，解决实际问题。

（2）大多数教师认为当前所承受的教学任务较重。2.2%的教师认为工作任务非常轻，15.3%的教师认为工作任务比较轻，65.9%的教师认为工作任务比较重，16.4%的教师认为工作任务非常重。这与当前高中学校之间竞争激烈、高中课时任务重有密切的关系，由此可见，对高中生进行减负迫在眉睫。

（3）教师工作日平均每天工作约12小时，周末平均每天工作约6小时。这反映出目前高中教学任务过重，很多高中学校并不能贯彻周末双休的政策，经常加班补课。

2. 工作绩效方面

教师队伍拔尖人才较少。在参与调查的教师群体中，暂无职称的教师占比为11.2%，初级教师占比为16.4%，中级教师占比为39.1%，高级教师占比为31.7%，而正高级教师与特级教师寥寥无几，分别占1.0%和0.6%，这说明目前中国高中教师队伍中顶尖、拔尖人才较少。

（三）高中教师未来发展规划

1. 工作满意度方面

大多数教师对目前的工作较为满意，并且能从工作中获得成就感。根据调查数据，9.8%的教师对目前的工作表示非常满意，62.4%的教师对目前的工作表示满意；23.7%的教师非常认同能够从教师工作中获得成就感，56.0%的教师认同能够从教师工作中获得成就感。这表明，教师这一职业的社会认可度较高，并且能够使教师在工作中实现自我的价值。

2. 职业规划方面

大多数教师认为自己会一直从事教师职业，但认为教师这一职业的发展前景一般，部分教师更青睐体制内的工作。在填写调查问卷的教师中，74.5%的教师认为会一直从事教师职业，没有考虑过换工作。有65.2%的教师认为其职业发展前景一般。如果换工作的话，有53.4%的教师会考虑留在体制内（如事业单位、群团组织、国企等）工作。

（四）总结

通过以上分析可以发现，随着近年来党中央、国务院对教育工作的高度重视和对教育投入的不断增加，中国高中教师队伍整体发展态势向好，教师基本上实现了本科及以上教育，教师队伍的学历结构实现了质的飞跃，为高中教育高质量发展提供了重要保证。教师队伍不断年轻化，保证了新老交替的顺利衔接，年轻教师为教师队伍注入新鲜的血液，带来新思想新理念。教师是一个相对稳定的职业，能够保证人才的延续，教师在社会中的认可度逐渐提升，并且待遇也在稳步提高，大部分教师对目前的工作是满意的，并且能从中获得成就感。

但是中国高中教师队伍的发展也存在一些问题，例如大部分教师认为当前所承受的课时任务压力过大，工作日平均每天工作约 12 小时，周末平均每天工作约 6 小时。随着城市化的进程不断加快，教育资源也在集中化，越来越向大城市倾斜，形成了一大批超级中学，而县域高中由于资源匮乏，优质教师、优质生源严重流失，"县域高中塌陷"问题亟待解决。教师拔尖人才较少，拥有特级、高级职称的教师所占比例较低。

针对上述问题，应从思想上加强对高中教师队伍建设的重要性和紧迫性的认识，继续加大教育财政投入，支持高中教师开展课题研究、学习培训，提高教师的福利待遇，对偏远地区和农村加强政策扶持，促进教育资源均衡化。

三　教师队伍高质量发展的评价与路径研究现状

教师队伍高质量发展的评价机制与发展路径历来备受关注。清华大学原校长梅贻琦先生说过："大学者，非谓有大楼之谓也，有大师之谓也。"这体现了教师对于学校发展和学生进步的重要性。党的十九届五中全会提出，我国要建设高质量教育体系。"十四五"时期，中国教育进入高质量发展阶段，强调"百年大计，教育为本；教育大计，教师为本"显得更为重要。因此如何实现教师队伍高质量发展是一个非常重要的学术课题和实践问题，而教师的评价机制与发展路径研究是实现教师队伍高质量发展的重要抓手。在现阶段，对已有研究成果进行梳理和辨析，有助于厘清当前的发展趋势，从而对问题进行研究。

（一）教师队伍高质量发展的评价研究现状

教师评价作为教师管理制度建设的首要环节，其发展经历了一个长期的过程。20 世纪中叶以来，正式的教师评价研究开始在西方发达国家产生，中国的教师评价研究始于 20 世纪 60 年代，但直到 20 世纪 80 年代以后才有比较正式的教师评价研究。综合以往研究来看，目前教师评价还是以教学有效性评价为主，评价的内容更侧重教师教学的实际效果，较少关注教师本人的发展。

1. 从评价机制来看，主要有以下三种不同的评价类型

（1）教师胜任力评价，这是对教师工作资格的评价，通过结构化测试的形式进行，其结果常常作为授予教师资格证书或执照的依据，例如教师资格证考试。

（2）教师绩效评价，这是对教师在工作中的表现进行评定，以了解教师工作的质量。通常是在工作中通过课堂观察或者查阅备课记录，由领导、同事和学生等做出主观性评定。例如教师公开课评比。

（3）教师有效性评价，这主要是对教师工作成绩的评价，即对教师教学对学生成绩所产生的影响的评价。通常通过同一测量工具比较前测和后测的差异，同时加入其他控制变量，通过回归方程来计算。例如升学率。但教师有效性评价往往受限于很多外在因素（如学生能力和素质、教学环境等）而难以实现。

2. 以往研究存在的一些问题

（1）内容不统一，结构不明确。教学是一个相当复杂的过程，教师在教学过程中表现出来的与教育教学目标相一致的行为也是复杂的。研究者均认为对教师绩效的评估应该从多维度进行测量，但对于到底评价应包含哪些行为内容，教师行为应该是具体的还是概括性的，具体到什么程度，概括到什么程度等问题，研究者对此很少进行研究。

（2）缺乏充分的理论根据。多数评价方法采用归纳法，从已有的教师有效性研究中抽取一些被认为对教学效果有影响的教师特征及教师课堂行

为，把它们罗列在一起。教师评价缺乏科学合理的教师评价理论结构体系。

教师队伍高质量发展评价研究是一种复杂的活动，包含了学术要求、政治要求、经济要求、伦理要求等多种因素。教师评价研究发展的基本方向是要综合评价教师在工作中的行为和过程，并不能只关注行为的结果。

（二）教师队伍高质量发展的路径研究现状

国将兴，必贵师而重傅。教育是一个国家兴旺发达的动力源泉，而教师则是教育长久不衰的基石。2014 年教育部提出实施卓越教师培养计划，从官方角度对教师队伍高质量发展提出了要求，指明了实现途径。目前关于教师队伍高质量发展的路径研究的成果浩如烟海，主要聚焦于理论和实践两个维度。

1. 教师队伍高质量发展的理论路径研究

理论路径研究主要聚焦于教师基本素质，包括高尚的职业道德素养、扎实的学科专业素养、娴熟的教育教学技能素养、良好的信息诊断素养、持续的学习反思素养，并且对教师培养的各个环节提出具体要求。

（1）起始端：创新师范教育模式，奠基教师核心素养。从源头上吸引优秀学生报考师范院校和师范专业。选拔热爱教育事业、专业素养扎实和有潜质的师范生组建卓越教师班，加快落实卓越教师的培育工作。构建高质量师范教育课程体系，创新人才培养模式，实施优秀人才本硕连读项目。

（2）过程端：营造良好的教师成长环境，实施素养为本的教学理念。教师通过主动关注学科前沿、熟知学科脉络和研读学科历史等内部途径实现自身发展，学校通过组织教研、专业培训、外出学习等外部途径促进教师发展。

2. 教师队伍高质量发展的实践路径研究

（1）开展"自助餐式培训"，充分发挥教师主观能动性，变被动学习为自主选择学习的内容和形式，学校从领导组织培训变为服务、协调培训，培训重点从培训本身转为培训后的成果转化，从而提升培训效果。例如山东省烟台三中在不影响教学工作的基础上，每位教职工每学期都可以向学校自主申请一次不超过 5 天的外出培训学习机会。

（2）实施精准培训，构建梯队培养机制。突出针对性，分类分级为教师量身定制培养方法。例如扬州市建立 46 个市级教育名师工作室和学科名师工作室，基本覆盖各个学段、学科，700 余名名师依托名师工作室"带徒"。

（3）加大财政支持力度，发挥物质激励作用。创新探索优秀教师、班主任评选制度，增加名师津贴，通过发放奖金津贴等方法激励教师勇于争先、追求先进。

四　疫情防控常态化下教师队伍
高质量发展的机遇与挑战

新冠肺炎疫情在给全世界带来深重灾难的同时也给中国教育事业的发展和变革造成了深远的影响。2020 年春节过后，迫于疫情，中国各级各类学校纷纷推迟学生返校时间，并开始探索线上授课，这种"非常规"的授课模式有别于传统的课堂，为许多教师带来了不小的挑战。

疫情得到缓解后，虽然学生基本重返课堂，恢复到疫情前的授课秩序，但是疫情期间在线教育模式带来的影响远没有被消除，学校教育将不会再固守传统单一的线下教学模式，而是进入一种"线上＋线下"二者共存、相互影响、互补的模式，教师与学生之间的互动、教学的方式、课程内容乃至家校关系等都将出现变化，这将会成为一种成熟的新型教育模式。这种新的教育模式将会给基础教育领域带来深远的影响，同时也给新冠肺炎疫情影响下教师队伍的高质量发展带来诸多机遇和挑战。

（一）疫情防控常态化下教师发展面临的挑战

1. 传统教育理念受到冲击

线上教育不同于传统教育模式，一方面，学生学习场所将不再仅限于学校和课堂；另一方面，课堂互动的模式以及师生互动的模式将出现巨大变化，教师将由知识传授者向学生学习的指导者、引领者进行转变。这意味着这种独特的教学模式必定"会颠覆传统上教师对于教育、教学和学校、课堂等的固化认识，必定会引发教师关于教育教学的本质为何以及教师应如何定位自己的角色等方面的深度思考"①。

2. 对教师个体多方面能力提出更高要求。

线上教学与传统教学相比对教师的信息素养要求更高，教师需要更加主动地从网络中搜寻、筛选和运用信息，并将自己获得的信息和资源整合为课堂资源。同时，在教学模式发生改变的情况下，教师将面临家校关系改变的情况，教师要更加重视家长在教学中的地位，形成良性的"家校联盟"。此外，线上教学的引入，将给传统的学生评价体系带来挑战和变革，教师必须主动适应这些改变，科学评价学生的发展情况。此外，网络的引入和社会变迁的加快，迫使教师必须提高自主学习能力，以应对快速变化的教学场景和教学任务。

3. 混合式的教学模式对教师提出更高要求

从具体的教学实践来看，线上线下相结合的混合式教学模式将会给教师的教学设计和实施能力提出新的考验，教师要能够优化其教学设计使之更加适合混合式的教学模式，还要与能够轻易获得各种学习资源的学生所开展的自主学习相结合，以达到更好的教学效果。此外，教师要能够适应新的教学模式带来的师生互动、生生互动新模式，提高教学质量。

4. 赋能理念下的教师专业发展模式面临的挑战

所谓赋能，就是指"你本来不能，但使你能"。在赋能理念下，对教师的培训要求具有个性化、应用性和伴随性。个性化是指教师培训要满足各不相同、各具特点的发展需求；应用性是指要满足教师要求习得应用性技能的迫切需求；而伴随性则是指教师培训应当伴随着教师的日常生活和工作。疫情防控常态化下，要符合赋能的三大原则，教师发展至少面临两个问题。一是面向教师需求的专业诊断问题，在疫情期间，教

---

① 沈伟：《后疫情时期教师专业发展的挑战与行动》，《现代基础教育研究》2020年第3期。

师们的需求相似，都是提高在线教学能力，而当疫情过后，个性化的需求将再次凸显，培训者如何针对教师的专业需求提供具有针对性的培训将成为一个挑战。二是疫情影响下教师将不再面临紧急的学习任务，不会再有如疫情一开始发生时对提高线上教学能力的紧急学习需求，教师的持续学习动机将会减弱。

（二）疫情防控常态化下教师发展面临的机遇

新冠肺炎疫情虽然为教师的高质量发展带来诸多挑战，但是挑战往往伴随着机遇，教师如果能够适应和把握好时代环境和教育模式变革趋势将会获得更好的发展，同时也将有利于整体教师队伍的发展。

1. 提高教师个人信息素养等多种能力

线下与线上相结合的教学模式将在未来进一步被普及，依赖传统式面对面授课的教师将更多地学习在线授课平台及一些其他网络设备、信息平台的使用。这将直接促进教师个人信息素养等多种素养的提高。同时，新的教学模式和学生的学习需求，将有助于拓展教师的自主学习能力及获取、筛选、整合、转化知识的能力。教师也将通过面对更加多元化的学生评价体系，提高个人的评价能力等。

2. 提高教师的混合式教学能力

线下与线上相结合的教学模式将直接推动教学模式的变革，师生之间、学生与学生之间的互动模式将发生巨大变化，这促使教师主动调整教学策略和教学设计，从而逐渐提升教师的混合式教学能力。

3. 教师将获得更多的学习和培训机会

随着在线学习平台和在线授课模式在疫情期间的快速发展，在线授课、学习的方式为更多的师生所接受，疫情防控常态化下这种信息化的在线学习模式将为高中教师的学习、培训、继续教育等提供更多的机会和平台。一方面，以教育部等教育主管部门为代表主办的高中教师远程培训计划能够依托越来越多的网络平台扩大其覆盖面，使更多的教师获得培训机会，为教师们的发展和专业能力的提高提供更多帮助。另一方面，许多高校的线上慕课平台、民间培训机构的在线课程等受到更多重视，高中教师可以借助这些线上平台选择符合个人需求的课程进行针对性学习。

五 教师队伍高质量发展的趋势与方向

教育是国之大计、党之大计。习近平总书记在看望参加全国政协十三届四次会议的医药卫生界、教育界委员时强调要构建高质量教育体系，教师是教育工作中的中坚力量，有高质量的教师，才会有高质量的教育。教育部在2021年发布的工作重点中也提到要推进教师教育高质量发展，启动建设国家师范教育基地和教师教育改革实验区，深入实施卓越教师培养计划，启动实施新周期"国培计划"和名师名校长领航工程。综合有关学术研究和实践经验来看，教师队伍高质量发展的趋势和方向呈现以下几个特点。

（一）教师队伍高质量发展的关键在于教师专业化发展

教师专业化发展已成为国际教师教育改革的趋势，也是当下教育改革实践提出的一个具有重大理论意义的课题。根据美国教育协会的定义，教师专业化发展要求教师不仅具备实际教学能力，还主张教师要积极参与教学目的与教学内容的设计，扩大教师的自主权，激发教师创新教学内容和形式的积极性，使教师成为在教育实践中进行反思的研究者，使教师既成为教学者，又成为研究者。结合中国实际来看，教师专业化的条件是教师的专业精神、专业知识、专业能力的整合统一。教师的专业精神指将一般的道德要求发展为教师专业精神，坚持社会主义核心价值观，将立德树人与自身师德师风建设结合起来，树立良好的职业操守和自我奉献精神，为社会主义建设培养合格的建设者和接班人。教师的专业知识主要是由学科基础知识、学科专业知识和教育理论知识构成，教师的知识体系要从"单一型"向"复合型"发展，这是从事教师职业的基本条件。教师的专业能力包括教师的教学能力、实验指导能力、书面与口头表达能力、示范能力、交际能力、组织管理能力、教育研究能力、自我反思和提高能力等。

例如河南省通过打造"三个平台"工程助推教师专业化发展。一是通过深化教师教育领域综合改革，打造教师教育开放创新平台。二是通过统筹融合职前培养和职后培训体系，打造教师教育一体化建设平台。三是通过"互联网＋大数据"模式，打造教师教育质量管理平台。

（二）教师队伍高质量发展的基础是建立正确有效的评价体系

评价体系在很大程度上引导着教师发展方向，教师评价体系是一个复杂的评价系统，它不仅涉及教师本身，而且包括教学中的各种因素和各个环节，高质量教师的评价最重要的转变是强调学生的学业成绩以及发展变化与高质量教师之间的关系。关注教师的教学对学生成长的实际效用。未来教师高质量发展的评价体系由两个基本方面组成。

一方面，建立一套能及时追踪和反映教师成长与发展的先进的数据系统，这一数据系统包括两方面。一是能记录教师学习档案的大数据分析系统，用以分析教师通过学习取得的收获与发展。一是记录学生成绩变化与综合素质表现的学生识别系统，用以分析教师的教学质量。这套系统将用于及时、准确地收集、分析教师的相关数据，并与评价体系相联系，引导教师队伍高质量发展。

另一方面，建立一套校长表现和管理评估体系。校长是教师队伍高质量发展的重要因素，校长的管理水平将直接影响教师的业务表现和潜能开发。因此，要建立一套系统、科学的校长管理评估体系，用于激励校长潜心治学、科学管理，为教师发展做好坚实的后盾。

例如福州格致中学积极改进教师评价体系，构建了师德师风评价、基础性过程评价、发展性增值评价"三位一体"的教师发展性评价体系，在调动教师工作积极性、助推教师专业成长方面发挥了重要作用。

首先，在学校党委领导下，建立健全党政齐抓共管的工作格局，由办公室牵头，多部门配合。对每位教师在爱国守法、爱岗敬业、关爱学生、教书育人、为人师表和终身学习六个方面进行客观的定性评价，考核结果分为合格、不合格两个层级，实行师德"一票否决制"。为使评价结果更加科学、客观，学校采取定量评价和定性评价相结合、个人评价与团队评价相结合的方式，旨在打造客观公正、要素齐全、指标量化、权重各异的分类考核评价体系。

其次，学校编制了《福州格致中学教师发展业务手册》，将学年规划、教学常规、教学质量、课题论文、实践活动五个方面作为基础性评价考核内容，要求全体教师参与考核，在记录教学日常、规范教学行为、引领教师成长、促进教师发展方面起到重要作用。

最后，打造名师工程，目的是为学校教师专业成长搭建发展平台，打造一支素质优良、专业过硬的高质量名师团队，形成"群雁效应"，促进教师队伍素质整体提升，促进学校教育教学质量提高。名师工程分五个步骤实施。第一步，制定方案，宣传动员，启动工程；第二步，自我评估，自主申报；第三步，立项审核，确定名师；第四步，中期评估，反馈改进；第五步，成果验收，分级评价。

（三）教师队伍高质量发展的方向是"人工智能＋卓越教师"新型培养模式

学者们要及时洞察时代前沿，捕捉研究热点，推动教师高质量发展与人工智能、大数据分析等前沿研究领域接轨，以新技术助力教师发展。将人工智能基础算法等相关知识嵌入教学内容，增加智能式学习、交互式学习等学习环节，辅助教师进行动态化学习和教学。尽管人工智能的出现为教师高质量发展提供了契机，但要注意高科技使用过程中的伦理问题，做好立德树人这项本职工作。

参考文献

宋广文、魏淑华：《论教师专业发展》，《教育研究》2005 年第 7 期。

徐聪、李怡：《教师发展性评价体系构建及实施路径探索》，《教育评论》2020 年第

12 期。

姚松、曹远航：《我国卓越教师研究领域的热点、前沿与发展趋势》，《教师教育学报》2021 年第 1 期。

蔡永红、黄天元：《教师评价研究的缘起、问题及发展趋势》，《北京师范大学学报》（社会科学版）2003 年第 1 期。

王后雄、李猛：《卓越教师核心素养的内涵、构成要素及发展路径》，《教育科学》2020 年第 6 期。

周应华：《健全机制助力教师高质量发展》，《中国教师报》2021 年 2 月 24 日。

调查篇
Data Reports

B.2
21世纪以来中国高中教师
发展规模与结构分析

王天骄　雷东明*

摘　要：　本报告对21世纪以来中国高中教师发展的规模与结构进行了剖
析，包括普通高中、职业高中、成人高中三类高中专任教师的
基本规模变化情况，并重点分析了普通高中专任教师的性别结
构、民族结构、年龄结构、城乡结构、区域结构、学历结构等
特征。研究显示，21世纪以来中国教育事业得到了长足的发
展，普通高中规模总体持续扩大，职业高中规模经历了先扩大
后缩减的过程，成人高中规模则不断缩减；高中教育城乡发展
不平衡、区域发展不平衡问题凸显，城镇高中得到了长足发
展，农村高中则相对落后，中西部高中教育规模得到扩大，但
与东部仍有较大差距；教师队伍结构不断优化，教师队伍整体

---

* 王天骄，北京大学教育学院博士研究生，主要研究方向为教育经济与管理；雷东明，北京大
学教育学院硕士研究生，主要研究方向为教育经济与管理。

素质在提高，学历结构、性别结构等得到优化，但同时也存在教师队伍"老龄化"、年轻教师晋升困难等问题。

关键词： 高中教师　教师规模　教师结构

一　数据说明

本篇报告所采用数据源自2001～2018年教育部官方发布的《中国教育统计年鉴》，统计年鉴包含了教师规模、年龄、职称、区域等多种数据，所有数据均已由官方公开发布，真实可信。需要指出的是，由于部分数据缺失或统计口径不一致，在后文的分析中会根据数据完整性对年份进行调整。由于2019～2020年的数据缺失，本报告所采用的研究数据截至2018年。

二　高中教师基本情况

本节主要介绍2001年以来中国高中阶段专任教师[①]发展规模的基本情况。根据中国当前的教育制度，中国高中学历层级的教育类型主要有三种，分别为普通高中、职业高中和成人高中。

1. 普通高中专任教师规模变化

图1展示了2000～2018年中国普通高中专任教师人数规模的变化情况。从图中可以看到，2000年，中国普通高中专任教师仅有76万人，但在2000年之后专任教师人数快速增长，2007年之后增速略微放缓。到2018年，中国普通高中专任教师人数已经增长到181万人，相比2000年增长了105万

---

① 专任教师（Full-time Teachers），指具有教师资格、专门从事教学工作的人员。在学校的教职工中，专任教师占比最高，同时教职工还包括行政人员、教辅人员、工勤人员、校办企业职工、代课教师和兼课教师等。

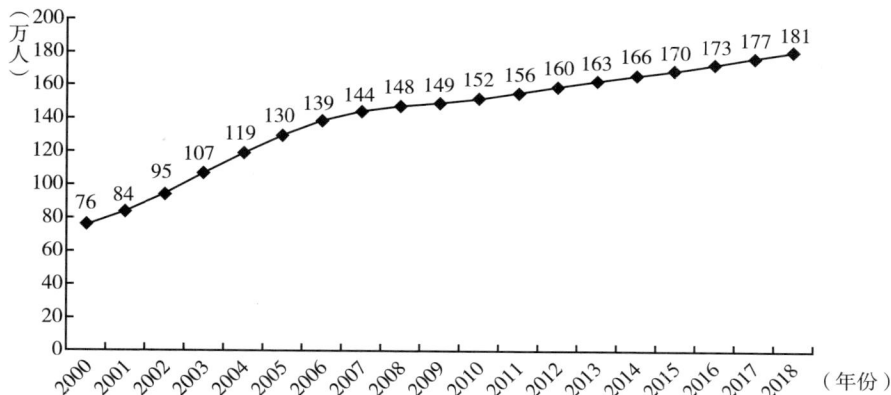

图1 2000～2018年中国普通高中专任教师人数规模变化情况

资料来源：《中国教育统计年鉴》（2000～2018）。

人，年均增长约5.8万人，总增长幅度达到138%，年均增长率约4.94%，大大高于中国不到1%的平均人口增长率。

这说明中国普通高中专任教师人数的增速高于人口增速，中国高中教育在21世纪的前19年中得到了快速发展。这使得更多的学生有机会进入高中就读，获得更好的教育，同时也直接促进了中国国民平均受教育年限的提高，为中国人力资源的储备和国民文化素质的提高做出了重要贡献。

2. 职业高中专任教师规模变化

图2展示了2000～2018年中国职业高中专任教师人数规模的变化情况。由图2所展示的数据可知，2000～2018年，中国职业高中专任教师人数经历了多次波动起伏，单纯以2018年和2000年的专任教师人数来看，2018年（28.3万人）仅比2000年（28.2万人）多1000人，增长幅度很小，但是综观这期间的数据起伏变化，中国职业高中专任教师规模的变化幅度并不小。

2000～2003年，职业高中专任教师人数基本呈波动下降的趋势，从2000年的28.2万人下降到了2003年的25.8万人，减少了2.4万人，专任教师人数规模下降了8.5%。从2003年到2009年的7年间，职业高中专任教师人数则增长较快，从25.8万人增加到32.2万人，增长了6.4万人，增长幅度为24.8%，增长了近1/4。而从2009年以后，则基本呈波动下降的趋势，2011

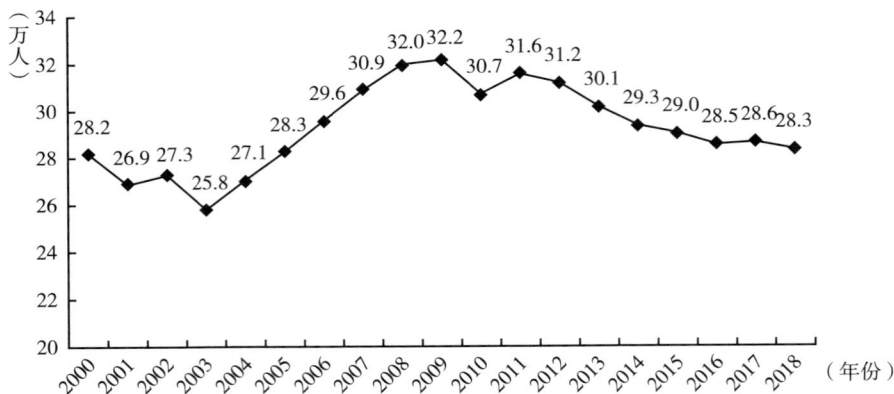

图2　2000～2018年中国职业高中专任教师人数规模变化情况

资料来源：《中国教育统计年鉴》（2000～2018）。

年略有回升，到2018年，职业高中专任教师人数已经从2009年32.2万人的峰值下降到了28.3万人，减少了3.9万人，下降幅度为12.1%。

中国职业高中专任教师人数的变化与职业高中的学生数的变化是一致的，职业高中在校生人数也在2009年达到778.42万人①的峰值。这一变化趋势在某种程度上也反映了中国教育主管部门对于发展职业高中的态度，近年来尽管教育主管部门鼓励学生在高中阶段分流，让更多学生进入职业高中，但由于适龄人口数下降以及社会观念变化等因素，仍旧没能遏制中国职业高中整体规模缩小的趋势。

3. 成人高中专任教师规模变化

图3展示了2000～2018年中国成人高中专任教师人数的变化趋势。成人高中是中国成人教育的组成部分之一，它为社会人士提供等同于高中阶段学历的继续教育。由图3中的数据可以看出，2000～2018年，中国成人高中专任教师人数总体上处于波动下降的趋势。尽管从2010年至2014年，成人高中专任教师人数曾有短暂的回升，但在2014年之后又迅速减少。

分阶段来看，从2000年到2010年的11年间基本处于减少的趋势，专

---

① 中华人民共和国教育部编《中国教育统计年鉴2009》，人民教育出版社，2010。

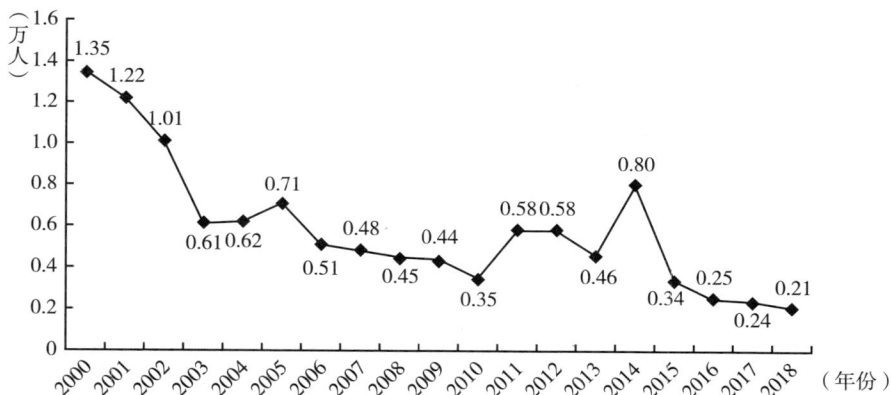

图3　2000～2018年中国成人高中专任教师人数规模变化情况

资料来源：《中国教育统计年鉴》（2000～2018）。

任教师人数从1.35万人减少到0.35万人，减少了1万人，下降幅度约为74.1%，减少了近3/4。从2010年到2014年的5年间，专任教师人数又从0.35万人增加到0.8万人，增加了0.45万人，翻了一番还多。但从2014年至2018年，专任教师人数陡降至0.21万人，减少了0.59万人，下降幅度为73.75%，减少了近3/4。

从成人高中专任教师规模的变化可以看出，进入21世纪以后，成人高中教育的规模持续缩小，在高中学历层级的教育中占比越来越小。这一方面与中国从20世纪末21世纪初开始的高等教育扩招有关，另一方面也与中专、大专等专科教育的发展密切相关，高职高专的增加，为成人提供了新的更具吸引力的接受继续教育的途径，从而在很大程度上挤压了成人高中的生存空间。

4. 高中学历阶段各类型学校专任教师结构

图4展示了2001～2018年三种不同类型的高中的专任教师占全体高中学历阶段专任教师的比例。由图4的数据可以看出，普通高中专任教师占比最高，职业高中占比次之，成人高中占比最低。

普通高中专任教师的比例总体上处于持续上升的趋势，占全体高中专任教师的比例从2001年的74.9%上升到2018年的86.4%，提高了11.5个百分点，年均增长约0.68个百分点。而职业高中专任教师的占比总体上呈持

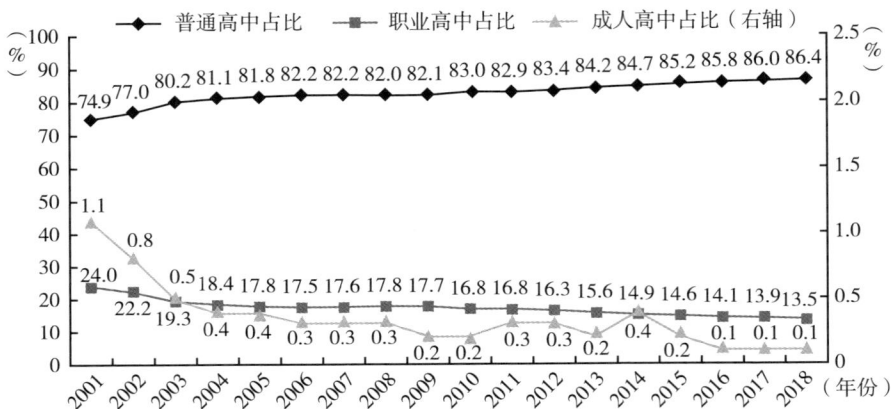

**图4 2001～2018年普通高中、职业高中、成人高中专任教师
在全体高中学历阶段专任教师中的占比**

资料来源：《中国教育统计年鉴》（2001～2018）。

续下降的趋势，占比从2001年的24%，下降到2018年的13.5%，下降了10.5个百分点。成人高中专任教师占比也基本处于波动下降的趋势，从2001年的1.1%下降到2018年的0.1%，下降了1个百分点。

图4展示了三种不同类型的高中专任教师占比的变化情况，从中可以看出21世纪以来中国在高中阶段教育的倾向性所发生的变化。总体来说，对于高中阶段教育，我国更加重视普通高中教育，以配合高等教育的扩招，使更多的学生能够进入普通高中就读，并能够通过高考进入大学。尽管近些年来国家大力鼓励职业高中的发展，并且提出了初中生进入高中分流，职业高中与普通高中各占一半的要求，但是职业高中专任教师所占的比例却一直处于持续下降的状态，这与社会上许多家长和学生对职业高中仍然抱有偏见有关，也与适龄人口数下降有关，中国在1987年达到2508万人的生育高峰之后，出生人口呈持续下降趋势，到2004年出生人口仅为1588万人，其中1996～2003年下降幅度更大，而这一批适龄人口进入高中的时间刚好为2011～2018年。①

———————————

① 假设正常情况下6岁儿童进入小学，15岁进入高中。

三 职业高中教师的基本结构

本节简要描述职业高中专任教师的性别、民族，以及教职工结构。

1. 职业高中专任教师性别结构

图5展示了2001～2018年职业高中女性专任教师人数及其占所有职业高中专任教师的比例的变化情况。由图中数据可以看出，职业高中女性教师的人数在2001～2009年持续上升，从12.1万人增加到15.8万人，增加了3.7万人，增幅达到约30.6%，平均年增长率约1.49%。2010～2018年，职业高中女性专任教师则基本处于平稳的状态，人数最高达到15.6万人，最少也有15万人，波动很小。

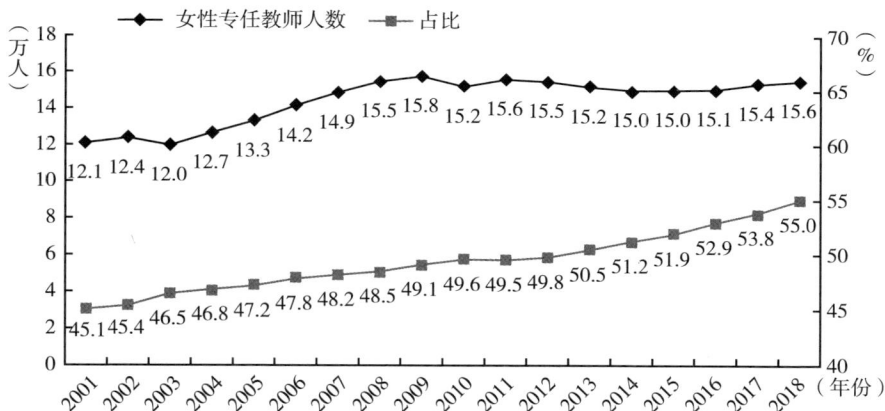

图5 2001～2018年职业高中女性专任教师人数变化情况及在所有职业高中专任教师中的占比走势

资料来源：《中国教育统计年鉴》（2001～2018）。

职业高中女性教师在全体职业高中专任教师中所占的比例一直处于上升的趋势。从2001年45.1%的占比持续增长到2018年的55.0%，提高了近10个百分点，年均增长约1.4个百分点。这一趋势与女性专任教师在普通高中的占比走势是相似的，尽管增长幅度与之相比略低，但总体上职业高中女性专任教师的占比要高于普通高中女性专任教师的占比,但差距在快速缩小。这反映了中国女性社会经济地位的上升,更多的女性能够获得良好的教育并投身教育事业。

2. 职业高中专任教师民族结构

图6展示了2004～2018年职业高中少数民族专任教师人数及其在全体职业高中专任教师中的比例变化情况。由图中数据可以看出,职业高中少数民族教师人数规模与占比均经历了先小幅下降,再快速增长的过程。

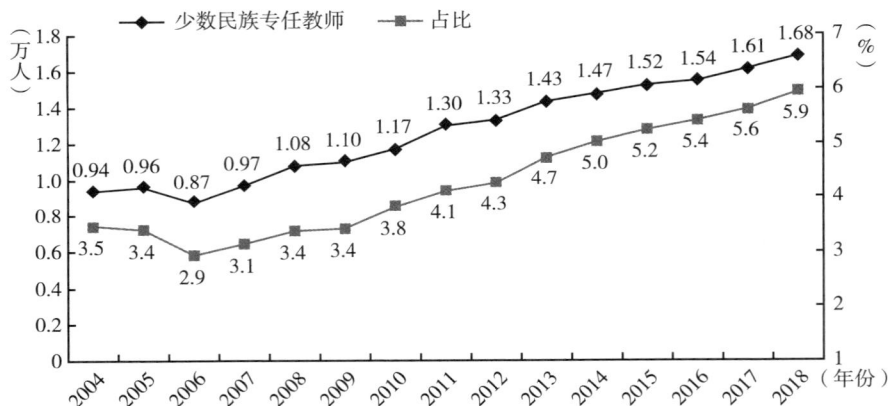

图6 2004～2018年职业高中少数民族专任教师人数变化情况及其在全体职业高中专任教师中的占比走势

资料来源:《中国教育统计年鉴》(2004～2008)。

从具体人数来看,从2004年至2006年[①],少数民族专任教师从0.94万人减少到0.87万人,减少了0.07万人。而从2006年至2018年,少数民族专任教师则迅速从0.87万人增加到1.68万人,增长了0.81万人,增幅达到93.1%,年均增幅约为5.6%,远高于同期职业高中专任教师的平均增幅。与此相类似,职业高中少数民族专任教师的占比也经历了先小幅下降再快速上升的过程,2004～2006年,占比从3.5%下降到2.9%,而2006～

---

① 由于2003年该项数据缺失,所以从2004年起开始统计。

2018 年，则经历了快速上涨的过程，到 2018 年少数民族专任教师人数在全体职业高中专任教师中的占比已经达到 5.9%，提高了 3 个百分点，尽管这一比例较全国少数民族人口比例和普通高中少数民族教师比例略低，但其增速较快。这反映了中国少数民族教育事业在中国的民族政策的帮助下得到了长足的发展，民族平等和民族团结的观念得到了贯彻。

3. 职业高中教职工结构

图 7 展示了 2003～2018 年，在职业高中内部，专任教师人数、总教职工人数，以及专任教师占全体教职工的比例。专任教师人数规模的变化趋势在前文已有所介绍，总教职工人数规模的变化趋势与之基本相同，从 2003 年至 2008 年，总教职工人数不断上升，从 36.3 万人增加到 42.8 万人，增加了 6.5 万人，增幅为 17.9%。而在 2009 年之后，基本处于波动下降的趋势，到 2018 年总教职工人数已经下降到 33.9 万人，相比 2008 年下降了 8.9 万人，下降幅度约为 20.8%。

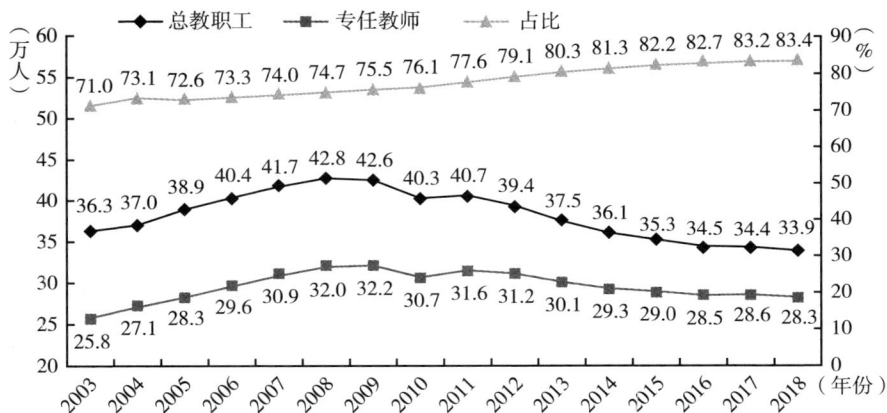

图 7　2003～2018 年职业高中专任教师规模及其占教职工总数的比例

资料来源：《中国教育统计年鉴》（2003～2018）。

而专任教师占全体教职工的比例从 2003 年开始基本处于上升的趋势，占比从 2003 年的 71.0% 上涨到 2018 年的 83.4%，提高了 12.4 个百分点。这意味着职业高中在不断优化教职工结构，降低了行政人员、工勤人员等非专任教师的比例。

四 普通高中教师的基本结构情况

尽管目前国家大力提倡发展职业教育，并要求普职比达到1:1，但是就在校生及专任教师规模来看，中国现阶段高中阶段教育的主体仍为普通高中，因此对普通高中专任教师的特征进行更加详细的分析。

1. 普通高中专任教师性别结构

图8展示了2001~2018年，中国普通高中专任教师中女性专任教师的人数规模及其占全体普通高中专任教师的比例走势。从图中可以看出，2001~2018年，中国普通高中女性专任教师的人数及其占全体普通高中专任教师的比例都呈持续上升的趋势。

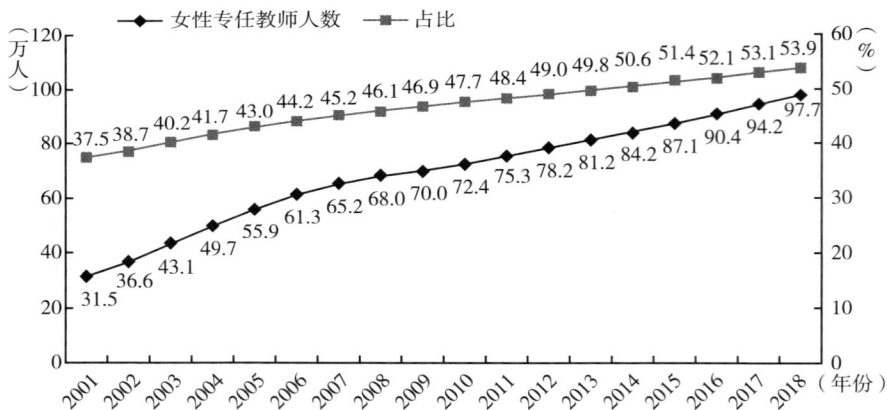

图8 2001~2018年普通高中女性专任教师人数变化情况及其在全体普通高中专任教师中的占比走势

资料来源：《中国教育统计年鉴》（2001~2018）。

从具体规模来看，女性专任教师从2001年的31.5万人增加到了2018年的97.7万人，增加了66.2万人，增幅达到210%，年均增加约3.9万人，约占总体专任教师年均增加规模（年均增加约5.8万人）的67.2%。这意味着，21世纪以来，新增中国普通高中专任教师中约有2/3为女性教师。从占比来看，女性专任教师在全体普通高中专任教师中所占的比例也从

2001年的37.5%增加到2014年的50.6%（首次占比突破50%），到2018年占比更是达53.9%。年均增长0.96个百分点。

中国普通高中专任教师的性别结构变化从侧面反映了中国男女平等的社会现实。

2. 普通高中专任教师民族结构

图9展示了2001~2018年中国普通高中少数民族专任教师的人数与比例情况。由图中数据可知，2001年以来，少数民族专任教师人数及其在全体普通高中专任教师中所占的比例都呈现快速增长的趋势。从具体数据来看，少数民族专任教师从2001年的5.1万人增加到2018年的15.5万人，增加了10.4万人，增幅超过200%，年均增长约0.61万人。在全体普通高中专任教师中所占的比例也从2001年的6.0%增加到2018年的8.6%，年均增长约0.15个百分点。

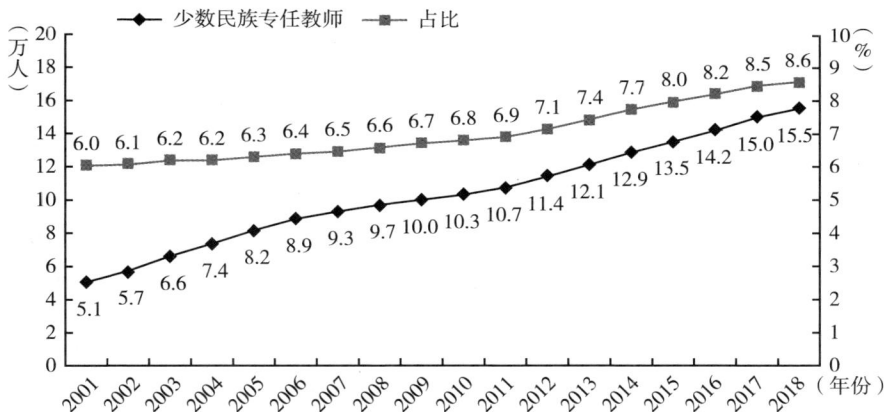

图9　2001~2018年普通高中少数民族专任教师人数变化情况
及其在全体普通高中专任教师中所占比例走势

资料来源：《中国教育统计年鉴》（2001~2018）。

普通高中专任教师民族结构的变化，从侧面反映了中国少数民族工作成效卓著，尤其在教育普及这一方面，更多的少数民族适龄儿童获得了受教育的机会，并有同等的进入高中工作的机会，这是中国民族平等和民族团结的真实写照。

3. 普通高中专任教师城乡结构

图 10 展示了 2001～2018 年中国普通高中专任教师在城市、县镇、农村三级区域的分布情况。

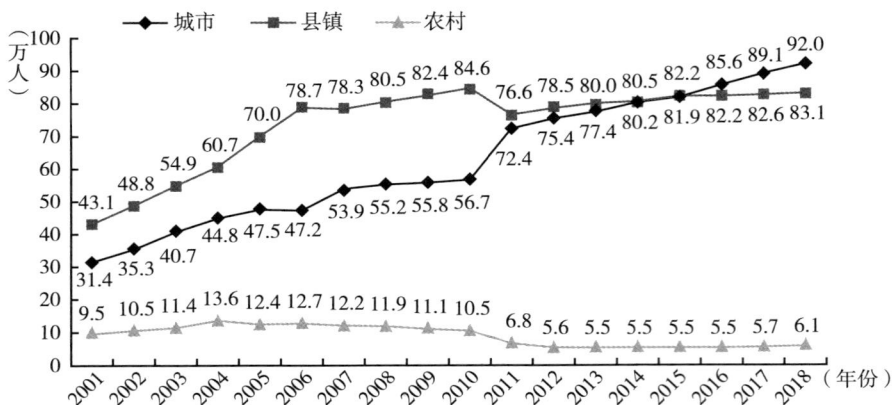

图 10　2001～2018 年普通高中专任教师在城市、县镇、农村三级区域中的人数变化情况

资料来源：《中国教育统计年鉴》（2001～2018）。

从图中数据可以看出，2001～2018 年，城市普通高中专任教师人数在快速增长，从 2001 年的 31.4 万人增加到 2018 年的 92 万人，增加了 60.6 万人，增幅接近 200%，年均增幅达到 6.6%；2016 年城市普通高中专任教师人数首次超过县镇普通高中专任教师人数，成为三级区域中高中专任教师人数最多的区域。而县镇普通高中专任教师人数则经历了三个阶段。2001～2010 年，专任教师人数快速增长，从 43.1 万人迅速增加到 84.6 万人，并达到峰值，增长了近一倍；2011 年相比 2010 年减少了 8 万人，达到 76.6 万人；2011 年之后则进入缓慢增长阶段，到 2018 年达到 83.1 万人。农村普通高中专任教师人数则是经历了先缓慢增长再缓慢下降的过程。具体来看，2001～2004 年，农村普通高中专任教师从 9.5 万人增加到 13.6 万人，增加了 4.1 万人，增幅达到约 43.2%，而在 2004 年之后，农村高中专任教师的人数则进入了缓慢下降阶段，从 13.6 万人下降到 2018

年的 6.1 万人，减少了 7.5 万人，下降幅度达到约 55%，2013～2015 年人数最少，均为 5.5 万人。

从城市、县镇、农村普通高中专任教师人数及其规模的变化我们可以看出，21 世纪以来，城市普通高中专任教师人数快速增长，而县镇普通高中专任教师在经过快速增长后进入了平稳状态，农村普通高中专任教师人数则基本处于下降状态。这一现象与经济发展和城市化进程息息相关，同时农村普通高中的裁撤、城市高中的虹吸效应等都是县城、农村普通高中专任教师人数停止增长或下降的原因。

值得一提的是，2010～2011 年，无论是城市、县镇，还是农村，普通高中专任教师人数都经历了一次较大的变动，这与统计口径和区划归属的变动相关。

图 11 展示了 2001～2018 年城市、县镇、农村三级区域的普通高中专任教师各自在全体普通高中专任教师中所占比例的变化情况。与图 10 展示的趋势类似，城市高中专任教师人数占比总体上呈波动上升的趋势，占比从 2001 年的 37.4% 增加到 2018 年的 50.8%，增长了 13.4 个百分点。而县镇高中专任教师所占比例则是经历了先波动上升，再波动下降的过程，2006 年达到峰值，占比 56.8%，而在 2011 年之后占比不断下降，并一路下跌至 2018 年的 45.9%，与峰值相比，下降了 10.9 个百分点。此外，在 2015 年以前，县镇的高中专任教师占比最高，而 2016 年之后城市的高中专任教师占比最高，且在 2017 年首次突破 50%。农村高中专任教师占比则基本上呈下降的趋势，从 2001 年的 11.3% 下降到 2018 年的 3.4%，下降了约 8 个百分点，峰值为 2004 年的 11.4%，最低值出现在 2015～2017 年，占比均仅为 3.2%。

与前述分析结论相同，经济发展和城市化进程使得城市经济发展更快，经济资源、人口和教育资源相对向城市集中，城市高中相对发展更快，而农村高中不断衰落，县镇高中也表现出衰落的迹象。

4. 普通高中专任教师的地区分布差异

图 12 展示了 2003 年、2008 年、2013 年、2018 年四个具有代表性的年

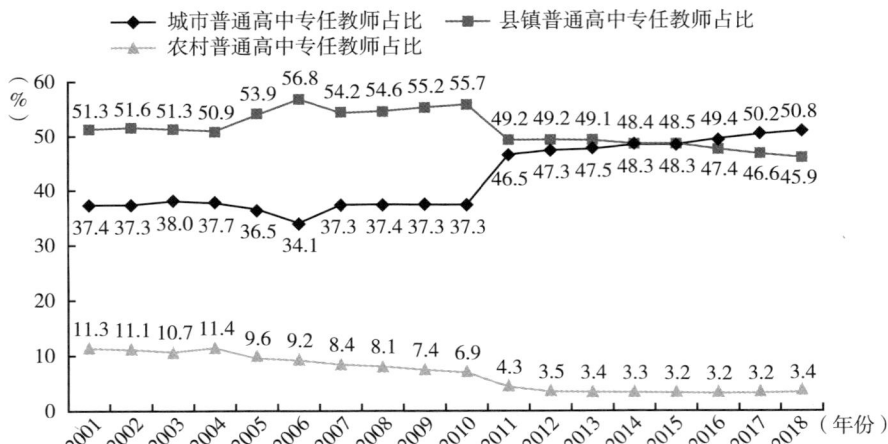

图 11　2001～2018 年城市、县镇、农村三级区域的高中专任教师各自
在全体普通高中专任教师中所占比例变化情况

资料来源：《中国教育统计年鉴》（2001～2018）。

份中，中国普通高中专任教师在四大地区①的分布情况。由图中数据可知，四大区域中，东部地区专任教师占比最高，东北地区占比最低，中部地区和西部地区占比接近。从趋势上来看，可以分为两个阶段，2003～2008 年，东部地区和东北地区占比都在上升，分别上升了 2.31 个百分点和 2.52 个百分点；而中部地区、西部地区都在下降，分别下降了 2.98 个百分点和 1.85 个百分点。2008～2018 年则相反，东部地区和东北地区占比都有所下降，分别下降了 5.25 个百分点和 3.39 个百分点；而中部地区和西部地区占比都有所上升，西部地区上升幅度更大，达到 6.62 个百分点，中部地区增加了 2.02 个百分点，西部地区占比在 2013 年超过了中部地区。

上述四个年份中各个区域普通高中专任教师的占比从侧面反映了中国各区域内高中教育发展的变化，2003～2008 年，东部地区和东北地区发展更

---

① 根据国家统计局在 2011 年公布的《东中西部和东北地区的划分方法》，中国四大地区（不含港、澳、台）分别如下。东部地区包括北京、天津、河北、上海、江苏、浙江、福建、山东、广东、海南 10 个省市。中部地区包括山西、安徽、江西、河南、湖北、湖南 6 个省。西部地区包括内蒙古、广西、重庆、四川、贵州、云南、西藏、陕西、甘肃、青海、宁夏、新疆 12 个省区市。东北地区包括辽宁、吉林、黑龙江 3 个省。

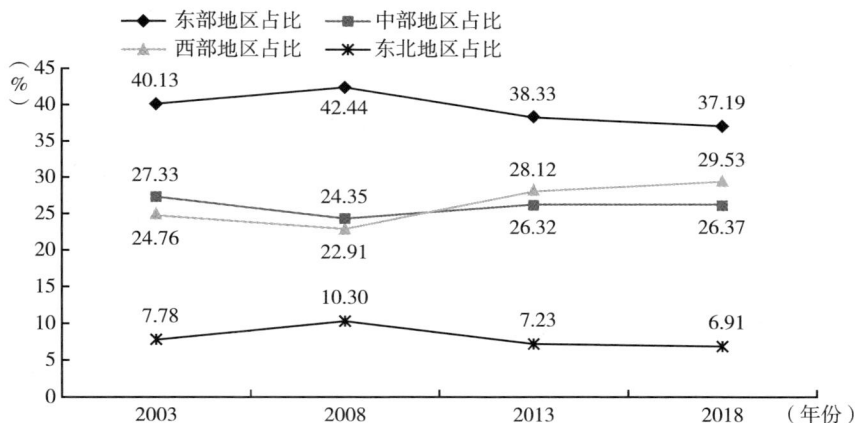

图 12 普通高中专任教师在中国四大区域的分布情况

资料来源：《中国教育统计年鉴》（2003、2008、2013、2018）。

快，而中部地区、西部地区则发展较慢，区域之间高中阶段教育的发展差距在扩大。东北地区由于受东北经济因素的困扰，占比下降较明显。

5. 普通高中生师比变化曲线

图 13 展示了 2001～2018 年中国普通高中平均生师比变化情况。由图 13 可以看出，2001～2004 年，生师比持续上升，从 16.73 上升到 18.65，前文

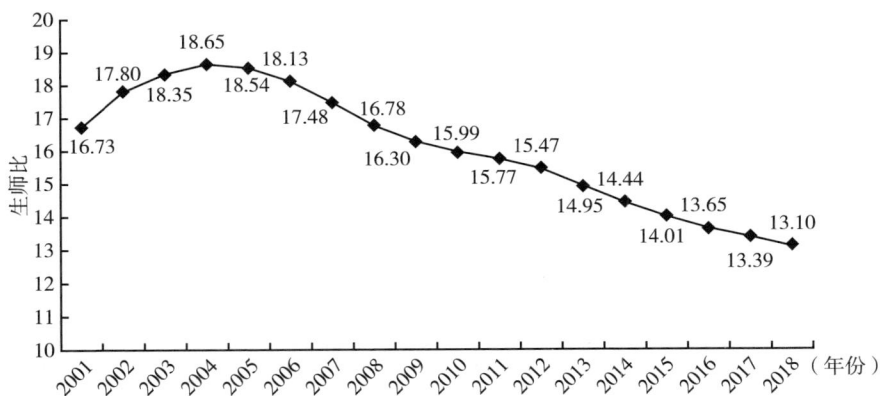

图 13 2001～2008 年普通高中生师比变化曲线

资料来源：《中国教育统计年鉴》（2001～2018）。

提到，2001 年之后高中专任教师的规模是持续扩大的，这意味着高中学生的数量增长速度高于专任教师的增速，生师比的提高意味着单个学生能够享受到的教育资源被压缩，教育质量下降。而 2004～2018 年，得益于专任教师数量的不断上升，全国普通高中平均生师比持续下降，从 18.65 下降到13.10，生师比的下降一定程度上反映了中国普通高中教育质量的改善。

6. 普通高中专任教师年龄结构

图 14 展示了 2003 年、2008 年、2013 年、2018 年四个具有代表性的年份中普通高中专任教师年龄结构的变化情况。由图中数据可以看出，31～40岁年龄段的专任教师占比最高且较为稳定，在 4 个年份中，所占比例均在40% 左右；而 50 岁以上专任教师的占比最低，不过在 2008 年之后，其占比迅速上升，从 2008 年的 4.8% 上升到 2018 年的 15.1%，接近 30 岁及以下年龄段的专任教师占比。41～50 岁年龄段的专任教师占比在 2003～2018 年也在迅速增长，占比从 12.4% 上涨到 2018 年的 29.2%，上升了 16.8 个百分点，并超过 30 岁及以下年龄段的专任教师的占比，占比升至第二位。而30 岁及以下年龄段的专任教师占比越来越低，从 2003 年的 38.8% 到 2018年的 17.8%，下降了 21 个百分点。

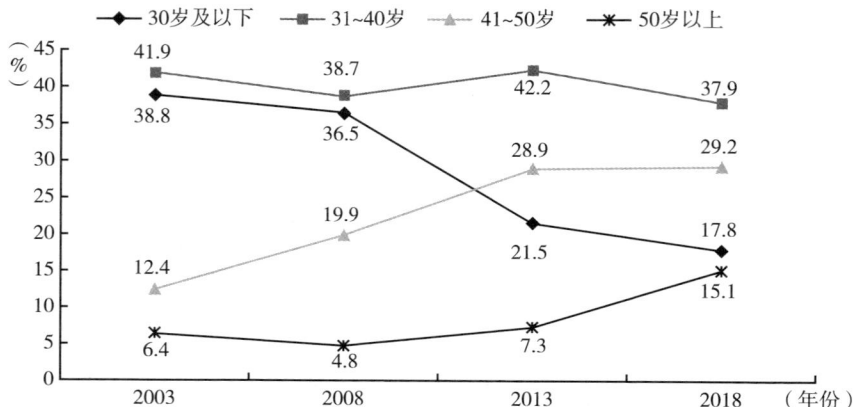

图 14　普通高中专任教师年龄结构变化情况

资料来源：《中国教育统计年鉴》（2003、2008、2013、2018）。

从图 14 展示出的普通高中专任教师年龄结构的变化情况可以看出，年轻的专任教师的占比越来越低，而年长的专任教师的占比越来越高，这意味着教师队伍的平均年龄在上升，并且 50 岁以上的专任教师的占比迅速扩大，教师队伍出现了某种程度的"老龄化"现象。年轻教师的缺失，将给教师队伍和教育事业的发展带来隐患。

7. 普通高中专任教师职称结构

图 15 展示了普通高中专任教师的职称结构情况。由数据可以看出，总体上中学一级专任教师占比最高，其次是中学二级专任教师、中学高级专任教师，未评职称专任教师和中学三级专任教师占比较小。

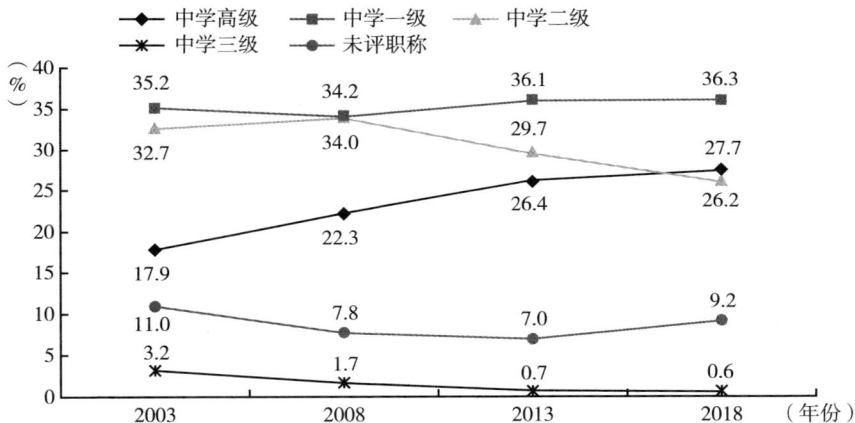

图 15　普通高中专任教师职称分布情况变化曲线

资料来源：《中国教育统计年鉴》（2003、2008、2013、2018）。

从变化趋势看，2003～2018 年，职称为中学一级的专任教师占比变动较小，占比高于 30% ，在 2008 年后略有增长。而中学二级专任教师占比则是先略有增长，再从 2008 年的 34% 下降到 2018 年的 26.2% 。中学高级专任教师的占比则是呈现持续上涨的趋势，从 2003 年的 17.9% 上涨到 2018 年的 27.7% ，增加了 9.8个百分点，并且 2018 年的占比超过了中学二级专任教师。中学三级专任教师的占比则是持续下降，从 2003 年的 3.2% 下降到 2018 年的 0.6% 。未评职称的专任教师的占比经历了先下降再上升两个阶段，从 2003 年的 17.9% 下降到 2013 年的

7%，下降了10.9个百分点，到2018年又上涨到9.2%。

总体来看，获得中学二级以上职称的专任教师占比越来越高，获得中学一级职称以上的专任教师占比从约53%上涨到约64%，这意味着教师队伍整体素质有所提高，教学质量得到提升，普通高中教育得到了长足的发展。

8. 普通高中专任教师年龄—职称分布结构

图16展示了2003年普通高中专任教师的年龄—职称分布情况，可以看出，中学二级专任教师主要集中在26~30岁，占比超过了50%。中学一级专任教师年龄主要集中在31~35岁，占比达到38.1%，36~40岁年龄组占比次之，达到34.7%。而中学高级专任教师主要集中在36~40岁，占比达到28.4%，41~45岁的中学高级专任教师占比达到20.4%。

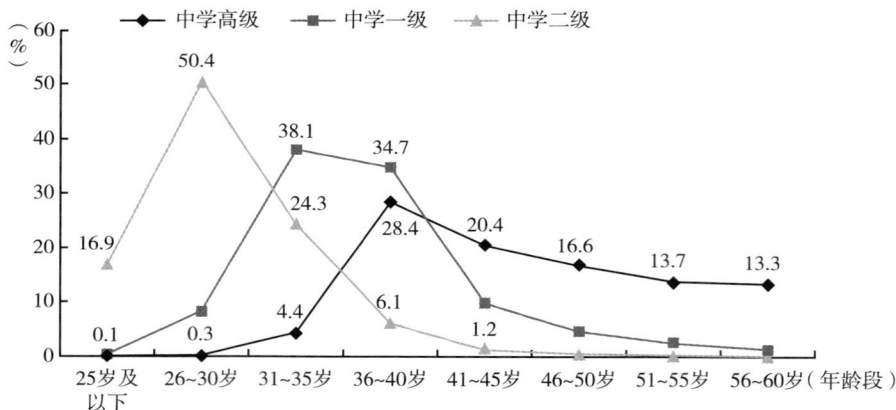

图16　2003年普通高中专任教师年龄—职称分布

资料来源：《中国教育统计年鉴2003》。

图17展示了2008年普通高中专任教师的年龄—职称分布情况，可以看出，中学二级专任教师依然主要集中在26~30岁，占比达到了55.7%。中学一级专任教师主要集中在31~35岁，占比达到35.0%，36~40岁的中学二级专任教师占比达到32.9%。而中学高级专任教师主要集中在41~45岁，占比达到39.3%，36~40岁的中学高级专任教师占比达到23.8%。

图18展示了2013年普通高中专任教师的年龄—职称分布情况，可以看

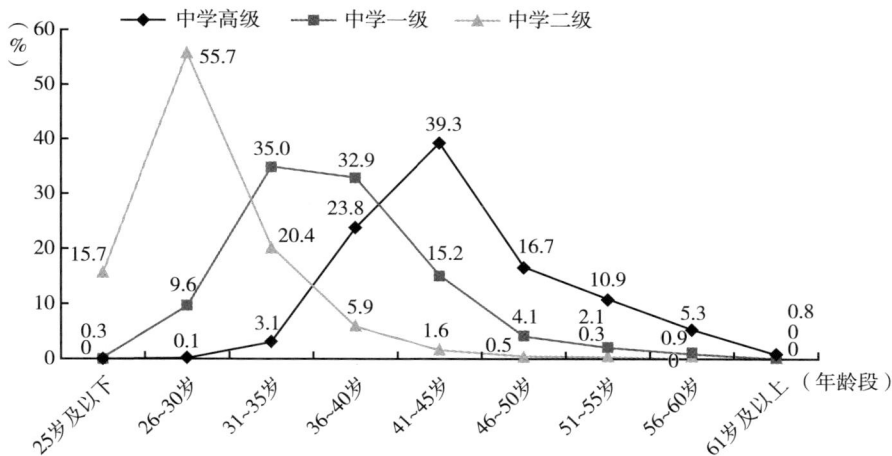

图17 2008年普通高中专任教师年龄—职称分布

资料来源:《中国教育统计年鉴2008》。

出,中学二级专任教师主要集中在25～29岁,占比达到了40.1%,30～35岁中学二级专任教师占比达到39.9%。中学一级专任教师年龄主要集中在35～39岁,占比达到33.4%,30～35岁的中学一级专任教师占比达到30.3%。而中学高级专任教师主要集中在45～49岁,占比达到36.3%,40～44岁中学高级专任教师占比达到29.3%。

图19展示了2018年普通高中专任教师的年龄—职称分布情况,可以看出,中学二级专任教师主要集中在30～34岁,占比达到了35.6%,25～29岁的中学二级专任教师占比达到32.7%。中学一级专任教师主要集中在35～39岁,占比达到37.9%,40～44岁的中学一级专任教师占比达到25.2%。而中学高级教师主要集中在50～54岁,占比达到33.1%,45～49岁的中学高级专任教师占比达到30.9%。

通过上面四组图可以看出,中学二级专任教师主要集中在25～35岁,但是在2003～2013年,26～30岁年龄段的中学二级专任教师最多,但到2018年30～35岁年龄段的中学二级专任教师占比最高。中学一级专任教师主要集中在30～40岁,2003～2008年,占比最高的是31～35岁年龄组,2013～2018年,占比最高的则是35～39岁年龄组。中学高级专任教师的年龄—职称分布

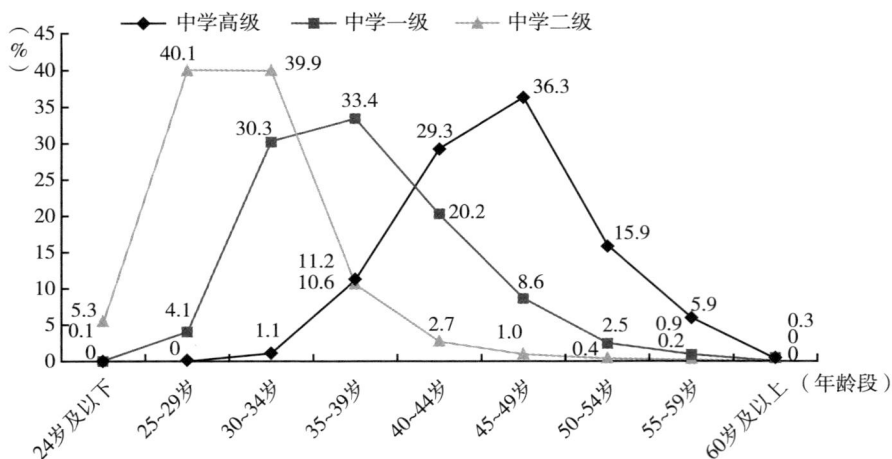

图18　2013年普通高中专任教师年龄—职称分布

注：根据《中国教育统计年鉴2013》教师年龄划分标准制图。

资料来源：《中国教育统计年鉴2013》。

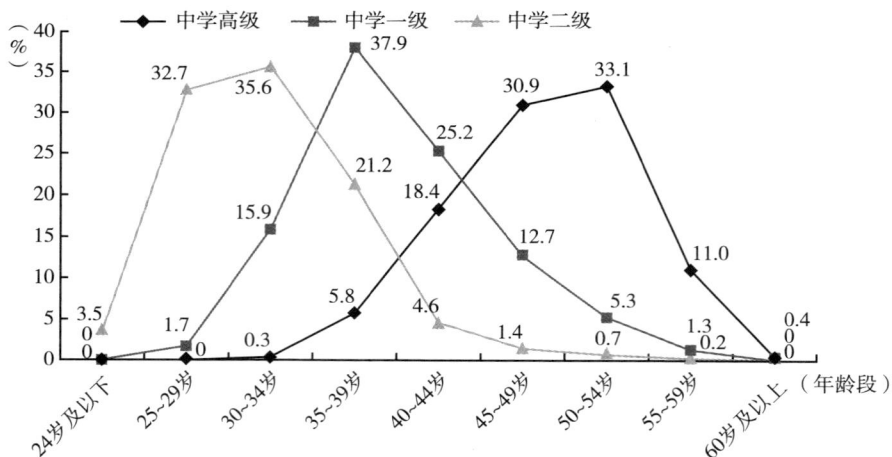

图19　2018年普通高中专任教师年龄—职称分布

资料来源：《中国教育统计年鉴2018》。

情况变动更明显，2003年时36~40岁的中学高级专任教师占比最高，2008年则是41~45岁的中学高级专任教师占比最高，2013年45~49岁的中学高级专任教师占比最高，2018年50~54岁的中学高级专任教师占比最高，这意味着在四个年份中，中学高级专任教师的主体可能是同一批人。从上述年龄—职称的变化我们也能看出，具有中学二级及以上职称的专任教师集中的年龄段在上升，这意味着年轻教师获得更高职称的难度在增大。年轻教师的晋升难度增大，不利于教师队伍的稳定，易加剧年轻教师的流失。

9. 普通高中专任教师科目—性别分布

图20展示了2018年普通高中不同科目专任教师的性别分布情况。图21展示了2003年、2008年、2013年、2018年四个年份普通高中女性专任教师在各科目中的占比情况。由图21可以看出，女性专任教师在外语、音乐、语文、生物4个科目中的占比较高，相比之下，男性专任教师则是在数学、物理、体育3个科目中的占比较高。从图20也可以看出，女性专任教师主要分布在语文和外语2个科目，男性专任教师主要分布在数学和物理2个科目。这与人们固有的印象相吻合，即女性教师在语文、外语等文科记忆类学科中占有优势，而男性教师则是在数学、物理等逻辑性强的理科类科目中占有优势。

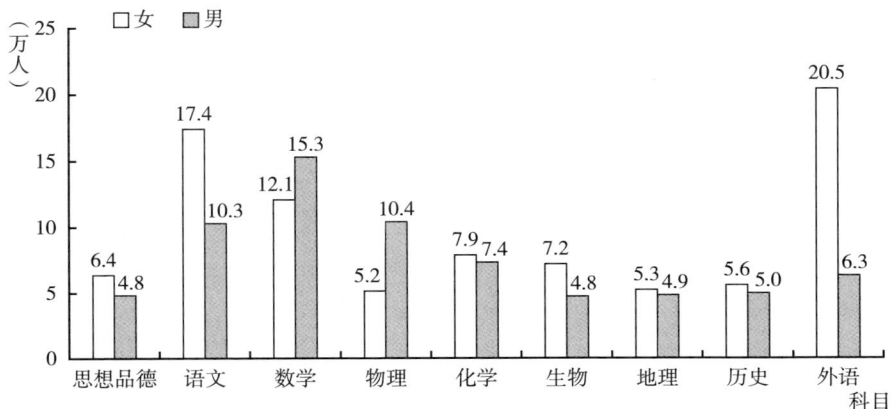

图20　2018年普通高中不同科目专任教师性别分布

资料来源：《中国教育统计年鉴2018》。

图22展示了2003年、2008年、2013年、2018年四个年份普通高中专任教师的学历分布情况。可以看出，本科学历的教师占比最高，2008~2018年

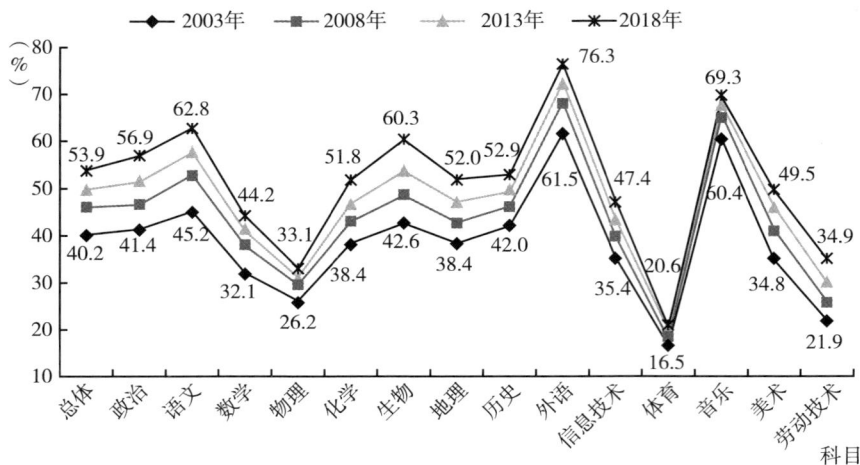

图 21 普通高中女性专任教师在各科目中的占比

资料来源：《中国教育统计年鉴》（2003、2008、2013、2018）。

占比均在 90% 左右。而高中及以下学历的教师占比很低，均不足 1%，且处于不断下降的趋势。专科学历的教师占比快速下降，从 2003 年的 23.73% 下降到 2018 年的 1.56%，下降了 22.17 个百分点。而具有研究生学历的教师占比快速上升，占比从 2003 年的不足 1% 上涨到 2018 年的近 10%。

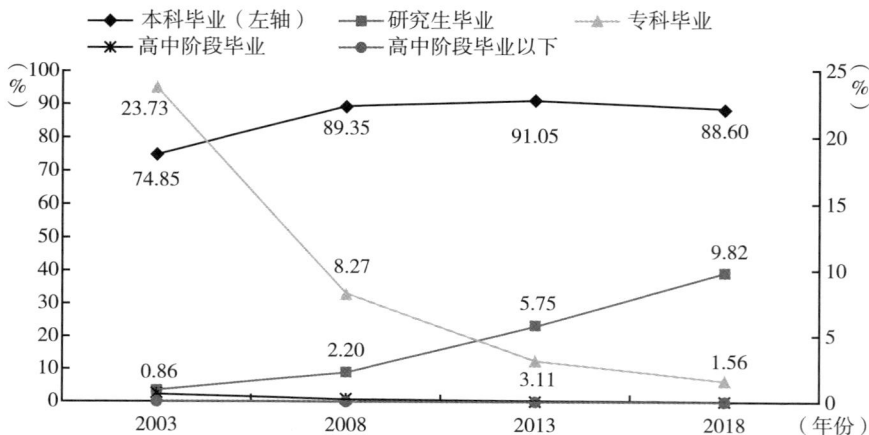

图 22 普通高中专任教师学历分布

资料来源：《中国教育统计年鉴》（2003、2008、2013、2018）。

这说明，21世纪以来中国普通高中专任教师的学历结构得到了很大程度的优化，具有本科及以上学历的专任教师占比已超过98%，教师队伍的整体素质得到了很大提高，为高中教育质量的提高提供了人才保障。

五　总结

本研究利用2001~2018年的中国《教育统计年鉴》中的数据，对高中学历阶段教师的规模和结构进行了统计分析，尤其是对普通高中专任教师的年龄结构、性别结构、民族结构、城乡结构等进行了详细的讨论。

在三类高中学校中，普通高中占比最高，且占比不断上升，而职业高中和成人高中占比不断降低。职业高中和普通高中专任教师的性别结构和民族结构基本呈现同向变化，即女性教师和少数民族教师占比都处于上升趋势，这反映了中国男女平等和民族平等理念的贯彻。在城乡结构上，二者也都呈现相同趋势，城市高中专任教师比例不断扩大，县镇高中、农村高中专任教师比例则基本处于下降趋势，这反映了在城市化过程中，城市凭借其经济优势产生了虹吸效应。

普通高中专任教师分布的区域差距有所减小，但差距仍旧很大；年龄结构在近20年中发生了较大变化，教师队伍出现了"老龄化"现象；教师队伍的学历结构则不断改善，绝大部分教师都获得了本科及以上学历，教师队伍整体素质有所改善。但基于年龄和职称的分析表明，年轻教师获得高职称的难度在上升，职称结构也呈现了"老龄化"趋势，年轻教师职称晋升的困难将阻碍更多年轻教师进入教育行业，这也一定程度上解释了教师队伍为何会出现"老龄化"趋势。

总之，近年来中国高中阶段教师的规模和结构变化反映了中国高中阶段教育的变化趋势和成就，同时也反映了当前存在的若干问题。如何看待并解决这些问题，将成为未来一段时间内中国高中教育发展的一个重要关注点。

B.3
中国高中教师培训需求调查报告（2020~2021）

张思思　郭俊缨*

摘　要：　在教育改革深化背景下，明确高中教师对培训活动的具体需求有助于相关部门高效地开展培训活动，助力教师发展。调研发现，课程资源开发与利用能力是高中教师目前亟须提高的专业能力；多数教师对自身教学科研能力评价较低，缺时间、教学任务压力大是高中教师开展科研面临的最主要的问题；教师更偏好三个月一次、一次半天，由专家、学科名师进校讲座研讨的培训形式。

关键词：　高中教师　培训需求　课程资源

一　数据说明

北京大学教育学院高中教育大数据实验组开展了 2020~2021 年度"高中教育发展全国问卷调查"，来自不同省（区、市）的多名高中教师参与了"高中教师问卷调查"部分，共回收有效问卷 666 份。

对接受调查的教师基本情况说明如下。40.2%的教师年龄在 20~30 岁，

---

* 张思思，北京大学教育学院高中教育大数据实验室副主任，中国教育发展战略学会高中教育专业委员会副秘书长，主要研究方向为教育测量与评价；郭俊缨，北京大学社会学系学生，主要研究方向为教育社会学。

36.2% 的教师年龄在 31~40 岁，14.9% 的教师年龄在 41~50 岁，8.7% 的教师年龄在 51 岁以上（见图 1）。教师年龄的中位数在 31~35 岁，年龄在 40 岁以下的教师超过七成。

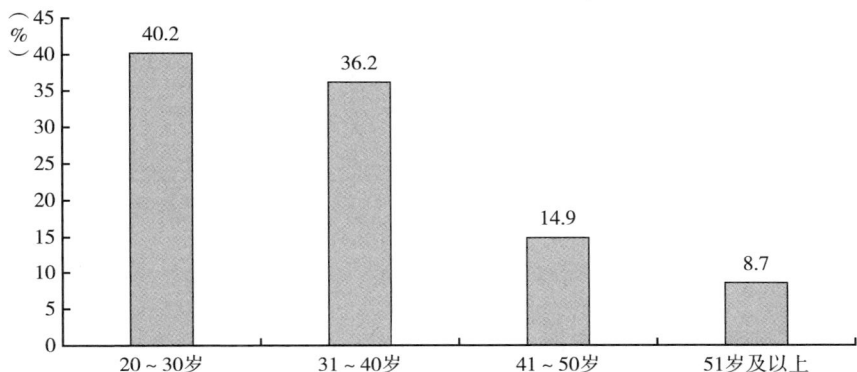

图 1　教师年龄分布情况

从任教年级来看，44.1% 的教师在高一年级任教，29.4% 的教师在高二年级任教，25.8% 的教师在高三年级任教。不同年级师资分配比较均衡，高一年级教师略多。

从任教学科来看，半数教师任教科目为传统主科，即语文、数学、英语，占比分别为 17.4%、16.7%、16.2%；其次是化学、物理、生物，占比分别为 13.4%、11.1%、7.2%；地理、历史、政治相对占比较低，分别为 6.9%、5.6%、4.4%，其他科目占比 1.2%（见图 2）。

本次调查数据所反映的师资结构基本符合当前高中教师的学科实际分布情况。这种教师学科分布情况可能是由学校文理班级数量不均衡、文科班级学生少，以及新高考地区学生偏好修读理科类科目造成的。

二　高中教师的个人特征分析

这一部分重点关注高中教师在性别、职称两方面的结构情况，从整体上看，教师群体中年轻女教师更多，教师职称结构存在性别差异。

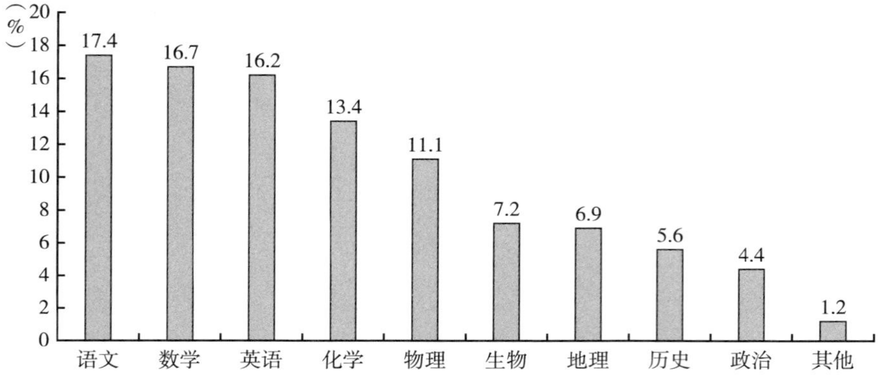

图 2　教师任教学科分布情况

（一）教师的性别比例

在填写问卷的 666 位教师中，男教师共 266 位，占比约 39.9%，女教师共 400 位，占比约 60.1%，女教师数量多于男教师。这可能是因为在人们固有的刻板印象中，女性有温柔细致的性格特点，气质与教师职业更为匹配；且在人们固有的刻板印象中女性被认为更应该照顾家庭，不应该冒险，而教师职业比较稳定，故而女教师较多。

从整体看，近七成女教师年龄在 35 岁以下，其中 44.5% 的女教师年龄在 20~30 岁，23.8% 的女教师年龄在 31~35 岁。这一比例在同年龄段的男教师群体明显降低，仅五成左右男教师年龄在 35 岁以下，其中 33.8% 的男教师年龄在 20~30 岁，19.9% 的男教师年龄在 31~35 岁。在 35 岁以上年龄组中，这种对比发生转变。31.8% 的女教师年龄在 36 岁以上，51 岁以上的女教师仅占女教师总体的 5.8%；46.3% 的男教师年龄在 36 岁以上，51 岁以上的男教师占男教师总体的 13.2%，是同年龄组女教师占全体女教师比例的二倍还多（见图 3）。

这一现象的成因可能是近些年来社会舆论普遍认为女性更适合做教师，或经济的发展使更多的男性知识分子进入了新兴行业，也可能是女性受教育权利保障日益完善，更多女性有条件接受教育，从而有大批年

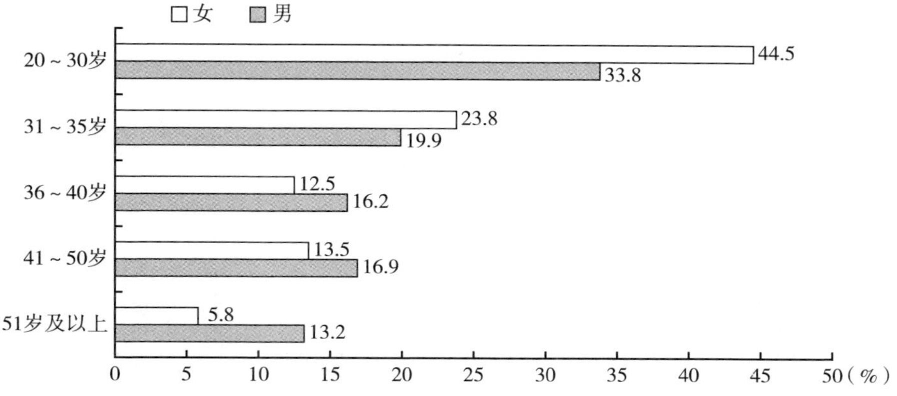

图3 按年龄划分的教师性别分布

轻女教师能够加入教师团队。此外，中国男性教师和女性教师退休年龄不同，女教师退休年龄低于男教师，这也是影响不同性别教师年龄分布的原因。

有关研究认为，教师性别比例不均衡不利于学生健康成长，年轻教师中男教师占比少的现象应引起重视。

1. 男教师主要任教科目为数学、物理，女教师主要任教科目为语文、英语

调查显示，男教师任教的学科前两位为数学和物理，占比为23.7%与20.3%，远高于排在第三位占比11.7%的化学。女教师主要任教科目为英语和语文，占比分别为21.8%与21.5%，明显高于排在第三位占比14.5%的化学（见图4）。除数学、物理与地理外，其余学科都呈现女教师占比高于男教师的现象。

在人们固有的印象中，男性往往更适合学习逻辑性强、更加抽象、对计算要求高的学科，女性更适合学习对记忆、整理与表达要求更高的学科。这种思维使男性多选择任教数学、物理等典型的理科类科目，女性则多选择任教语文、英语等语言类文科科目。可喜的是，随着社会发展与性别平等意识的强化，越来越多的女性教师突破刻板印象，其任教科目不再局限于文科而选择教授化学、生物等理科类科目。在本次调查中，全体女教师中历史、地理、政治、化学、生物等科目的任课教师的占比均高于全体男性教师中这些

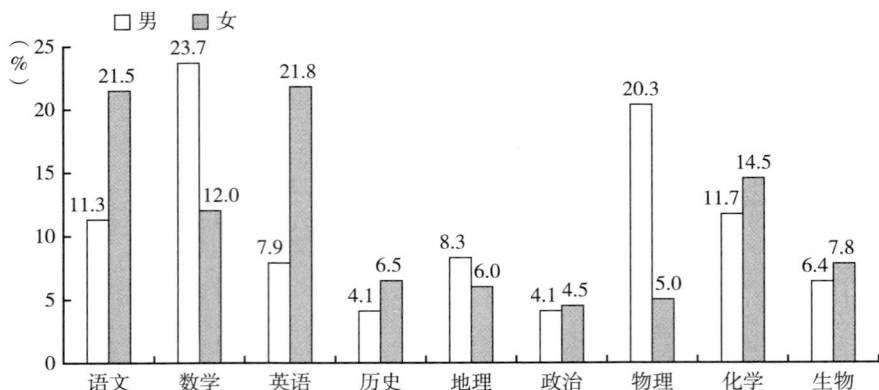

图4　按性别划分的教师任教学科分布

科目的任课教师的占比。

2. 教师的职称特征

（1）教师职称以中高级为主，拥有各种职称的教师在各年级中的分布较为合理

在参与调查的教师群体中，六成左右教师为中高级职称，其中拥有中教高级及以上职称的教师占比30.3%，拥有中教一级职称的教师占比29.7%。拥有中教二级职称的教师占比23.0%，拥有中教二级以下职称的教师占比17.0%（见图5）。整体上看，参与调查的教师职称评级较高，这反映出教师知识水平与教学质量均较高。

（2）男女教师职称结构存在差异

男教师群体中，拥有中教高级及以上职称的教师占39.8%，拥有中教一级职称的教师占26.7%，拥有中教二级职称的教师占16.9%，拥有中教二级以下职称的教师占16.5%，职称结构类似"倒梯形"（见图6）。女教师群体中，拥有中教高级及以上职称的教师占24.0%，拥有中教一级职称的教师占31.8%，拥有中教二级职称的教师占27.0%，拥有中教二级以下职称的教师占17.3%，职称结构类似"橄榄形"（见图7）。

结构上的差异反映出当下男教师职称级别整体上高于女教师，在中

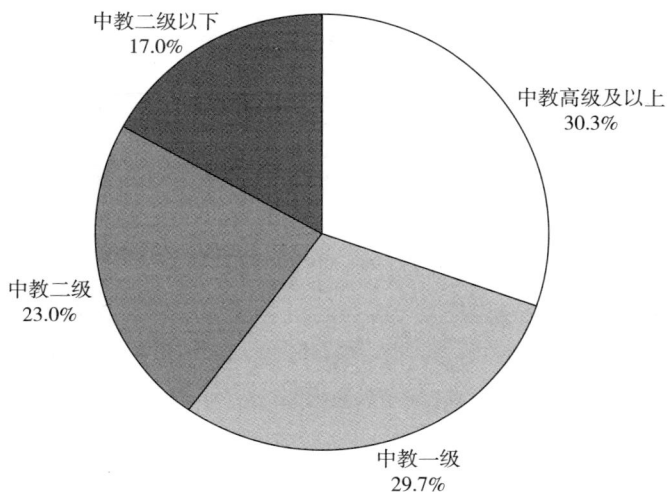

图 5　教师职称分布情况

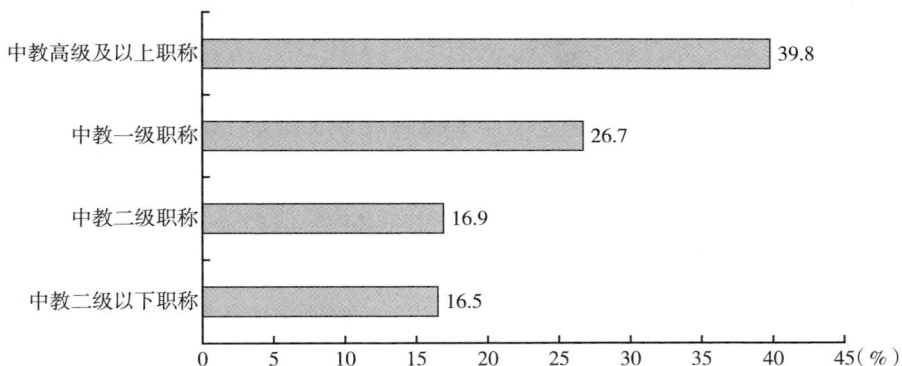

图 6　男性教师职称结构

教高级及以上职称这一类别上体现更加明显。这一现象的成因可能是传统家庭分工下女性需要更多时间投入家庭，其工作受到影响；女教师退休年龄低于男教师，女教师在评定高级职称时受限于教龄和经验这一重要指标。

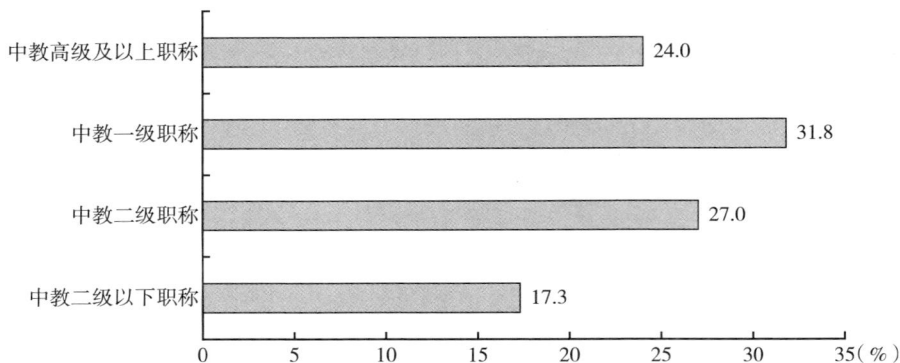

图7　女性教师职称结构

三　高中教师培训需求基础情况

这一部分重点围绕高中教师在课堂教学、学科教研、科研工作等方面的基本情况与面临的问题展开论述。调查表明，高中教师在课堂教学、学科教研等方面的整体情况相对较好，能较好地胜任本职工作；高中教师在科研工作方面能力较为薄弱，学校及相关部门应给予更多关注。

（一）课堂教学情况

1. 高中教师在课堂教学中存在多种困惑

调查显示，66.1%的教师面临的主要困惑是如何设计活动鼓励学生进行独立思考、合作探究；62.9%的教师面临的主要困惑是如何在课堂中落实学科核心素养；56.2%的教师面临的主要困惑是如何根据学情实施分层教学；53.2%的教师面临的主要困惑是学生学习积极性不高，课堂教学效率低；45.8%的教师面临的主要困惑是新高考对课堂教学的影响；43.7%的教师面临的主要困惑是如何对学生学习过程进行评价；仅有11.6%的教师认为面临的主要困惑基本上和以前教学所面临的困惑一样（见图8）。

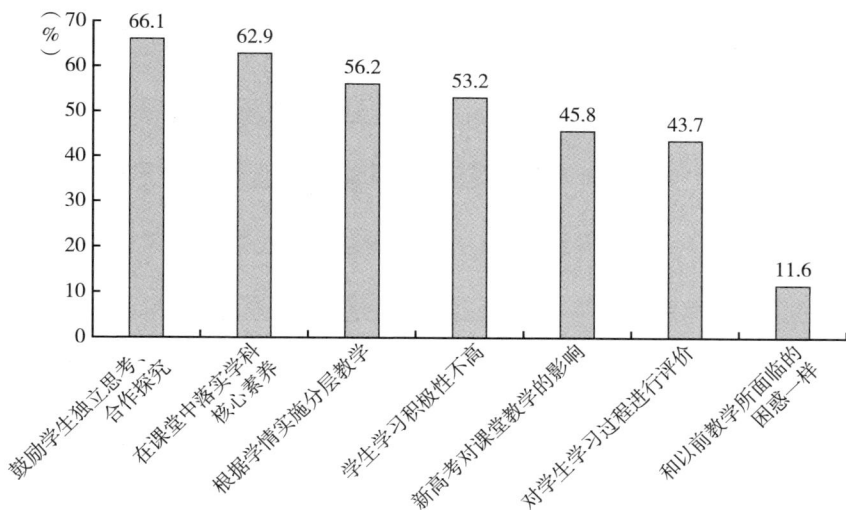

图8 教师在课堂教学中面临的各类困惑分布情况

从整体上看，新高考改革推进后，高中教师在课堂教学中面临多种困惑，且每种困惑都有较多的教师正面临着，可见高中教师对高考改革后在如何开展教学、调动学生积极性等方面仍存有许多问题，这一现象值得关注。

2. 课程资源开发与利用能力是高中教师目前最需提高的专业能力

教师认为自己亟须提高的专业能力集中在提升教学水平与调动学生两方面。提升教学水平方面的能力包括课程资源开发与利用能力、教改适应能力、信息技术与学科教学深度融合能力，分别有64.0%、59.6%、52.6%的教师选择这几方面。调动学生方面的能力包括组织自主、合作、探究学习的能力以及学生管理和与学生沟通的能力，分别有62.0%、44.9%的教师选择这几方面（见图9）。

高中教师目前最需要提高的专业能力为课程资源的开发与利用能力。课程资源是教学信息的来源，与能否完成教学目标直接相关，合理开发和利用教学资源有助于促进学生全面发展，提升教育教学质量，因此可能有较多老师重视这一专业能力的提升。

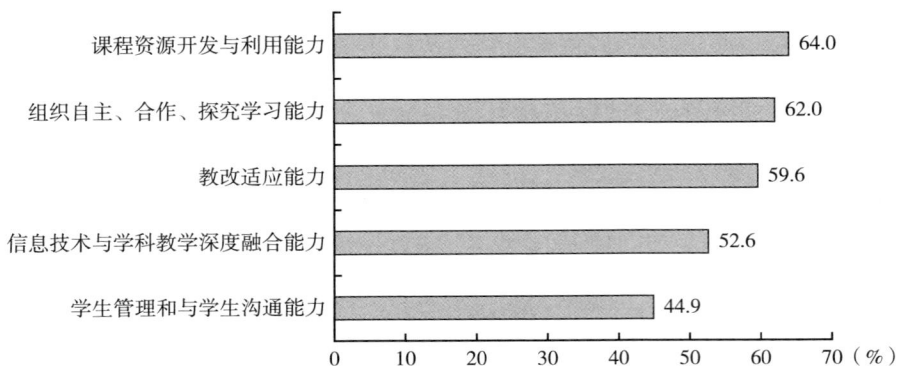

图9　教师需要提高的各类专业能力分布情况

（二）学科教研情况

1. 高中教师参与学科教研形式多样，且主要参与互动交流式学科教研

在666份样本中，86.6%的教师都参与过听、评课形式的学科教研，69.5%的教师参与过教法、学法研讨式学科教研，65.0%的教师参与过经验交流式学科教研，52.7%的教师参与过学情分析式学科教研，50.5%的教师参与过说课式学科教研，48.9%的教师参与过教学技能比武式学科教研。教师参与较少的学科教研形式为教材过关式、定期做模拟题式、试题评选式，参与过的教师占总体的比例分别为42.2%、34.2%、29.9%（见图10）。

整体上，高中教师参与过的学科教研形式非常多，且主要集中于互动交流型的教研形式，通过在与他人探讨和对比自身的过程中提升教学能力与水平，这是一种较为传统、可行性高且效果较好的教研形式。然而，针对教材、试题类的学科教研仅有少部分高中教师参加过，该类学科教研方法仍需在教师群体中推广。

2. 拥有二级以下职称的教师参与的学科教研形式较少

在113份拥有二级以下职称的教师的样本中，教师参与最多的学科教研形式为听、评课式，占比86.7%；其次为教法、学法研讨式，占比60.2%；再次为学情分析式，占比56.6%。除听、评课式和学情分析式

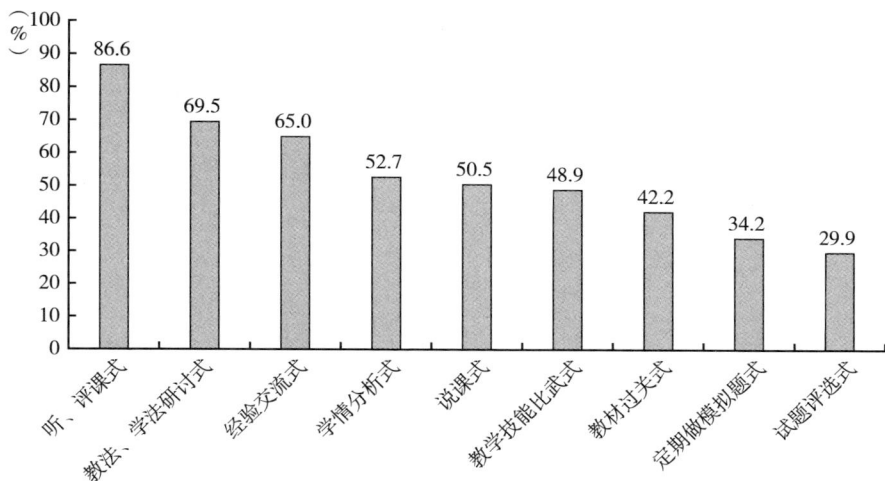

图10　教师参与过的各类学科教研形式分布情况

外，拥有二级以下职称的教师参与过的其他学科教研形式的占比均低于总体的占比（见图11）。

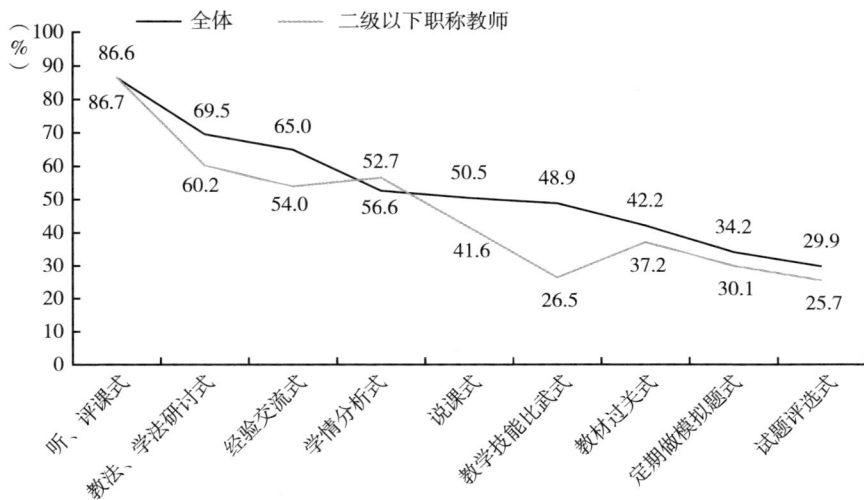

图11　拥有二级以下职称的教师与教师总体参与各类教学科研的情况

出现这一现象，可能是由于拥有二级以下职称的教师多为年轻教师，任教时间短，参与的学科教研活动少。学校应加大对青年教师的扶持力度，鼓励拥有二级以下职称的教师多参与各类学科教研活动，为其提升能力创造机会。

（三）科研工作情况

1. 多数教师对自身教学科研能力评价较低，多项能力需要提高

调查显示，近九成教师在评价自身教学科研能力时，认为自己并没有较强的科研能力，仍然需要指导。40.8%的教师认为自己科研能力不足，亟须提高；48.5%的教师认为自己科研能力一般，需要指导；9.6%的教师认为自己科研能力较强，仍需指导。仅有1.1%的教师认为自己科研能力很强并有自己的科研规划（见图12）。

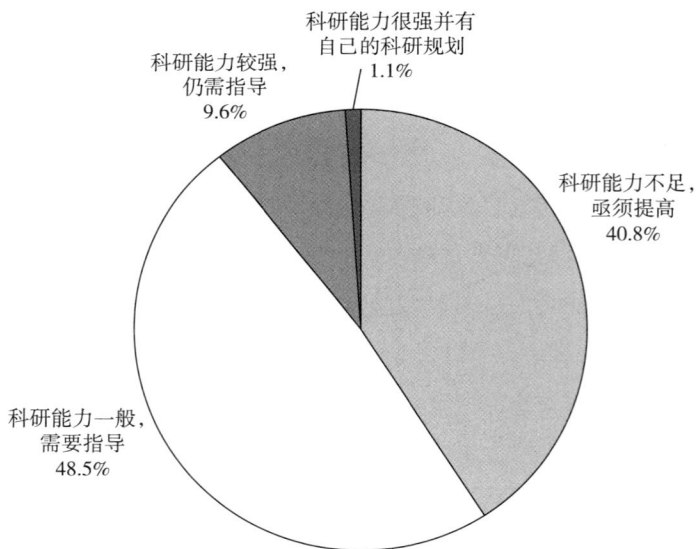

图 12 教师对自身科研能力的评价

在具体需要提高的科研业务能力上，72.4%的教师认为需要提高自己的创新能力，69.2%的教师认为需要提高论文撰写能力，58.4%的教师认为需

要提高主持开展课题研究能力，51.8%的教师认为需要提高课题申报能力，50.6%的教师认为需要提高掌握研究方法能力。也有不少教师认为需要提高研究成果取得能力、文献收集整理能力（见图13）。

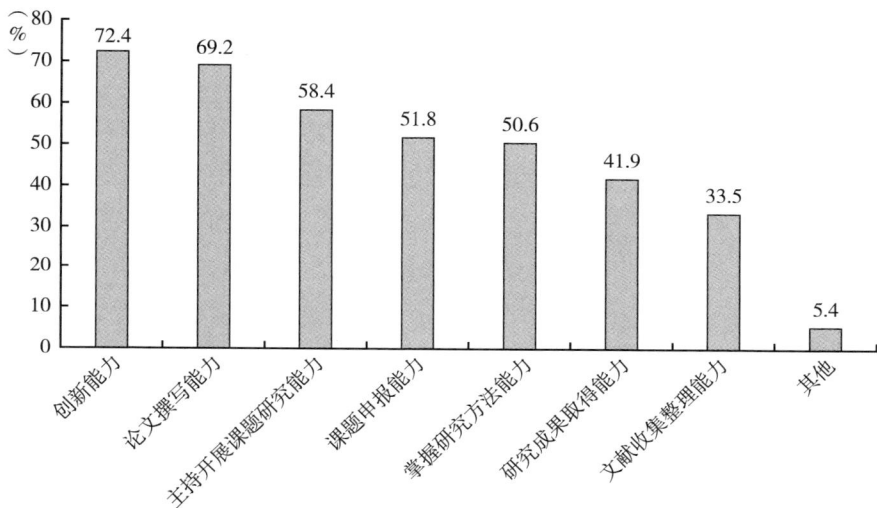

图13 教师在科研工作中需提高的各类能力统计情况

这一现象可能是教师的教学工作与科研工作被割裂造成的。一线教师把大部分时间都投入到教学中，对于科研过程与论文写作不了解、不熟悉，也难以及时获得学习资源、人脉资源来解决科研过程中的困惑。学校应注意到教师这方面的不足与需求，为教师提供科研方面的支持与帮助。

2. 缺时间、教学任务压力大是高中教师开展科研面临的最主要问题

高中教师开展课题研究时常遇到的众多问题大致可以被分为三类。一是时间问题，二是科研项目问题，三是奖励问题。其中，缺时间、教学任务压力大是首要问题，74.3%的高中教师都选择此项，且并没有明显性别差异。其次是科研项目问题，35.7%的教师在开展课题研究时遇到缺少科研项目的问题，34.2%的教师不知道如何申报科研课题。最后是奖励问题，科研成果难发表、科研成果评奖难、科研奖励不到位等问题选项分别有23.0%、20.9%、17.3%的教师选择（见图14）。

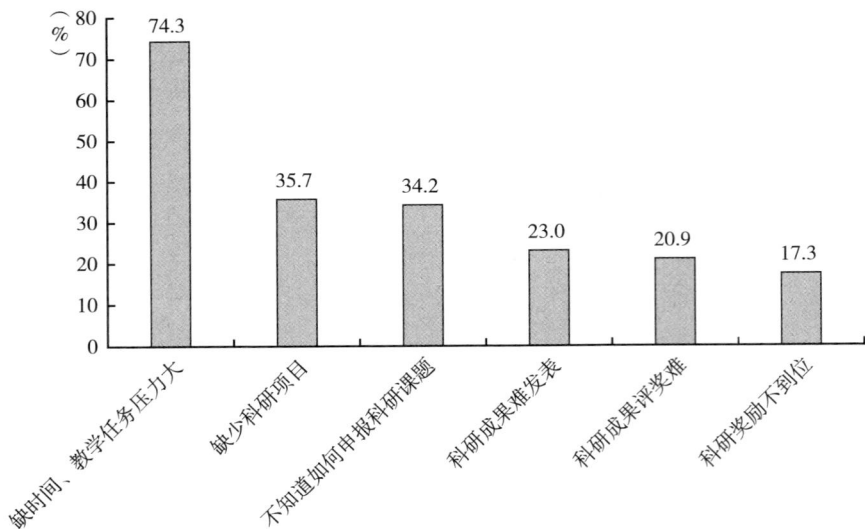

图14 教师开展科研时面临的各类问题分布情况

针对这些问题老师们也给出了相应的建议，比如"应该减轻工作量和工作压力，为科研留出时间""需要对科研项目申报流程及研究方法进行指导""指导论文如何选题、写作及投稿"。由此可见，繁重的本职工作与科研本身的知识壁垒让教师难以平衡科研与教学。

2. 外出学习是高中教师最偏好的提高科研能力的活动

关于教师希望通过哪些活动来提高科研能力，65.9%的教师希望通过外出学习来提高教学科研能力；学术交流、专家讲座也是较为受欢迎的活动，分别有59.8%、57.2%的教师选择；再者是参与课题研究，有48.6%的教师选择；老中青传帮带、参加培训班分别有40.4%和31.8%的教师选择（见图15）。

出现这一现象，可能是因为和其他活动相比，外出学习能让教师离开熟悉的校园环境，到新环境中观察和学习，寻求突破，同时还能让教师接触到其他学校的教学人员与管理人员，在交流与探讨中积累经验。

3. 高中教师对学校科研规划满意度较高

对于学校在教师职业发展、科研成长规划方面的工作，26.6%的教师很满意，38.1%的教师比较满意，28.1%的教师基本满意，7.2%的教师不太满意。整体上看，高中教师对学校科研规划满意度较高（见图16）。

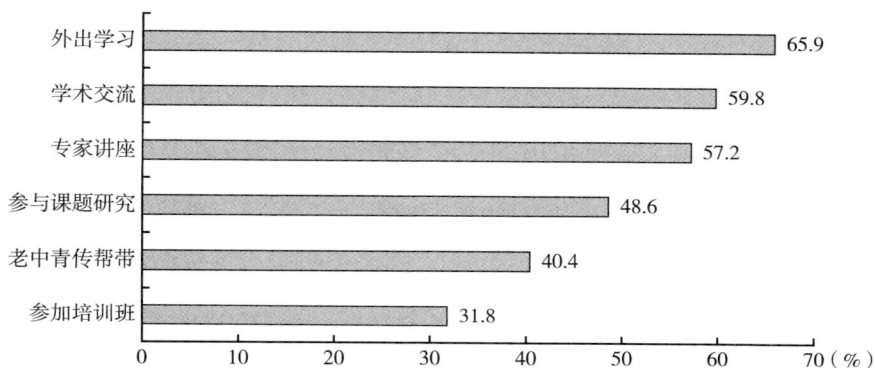

图15 受教师喜爱的提高科研能力的各类活动

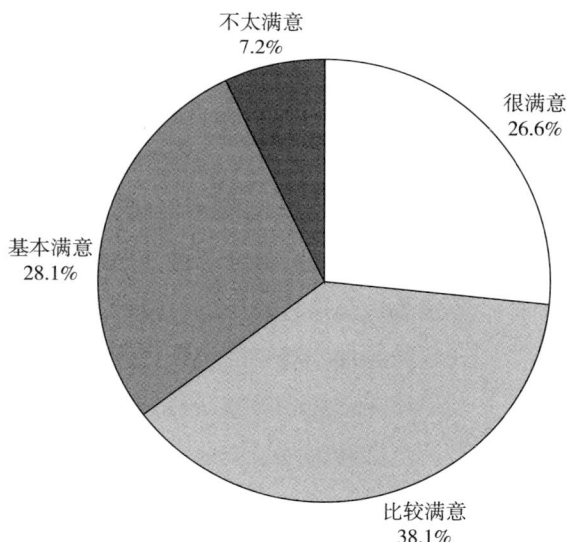

图16 教师对学校科研工作满意度分布状况

要使学校科研水平进一步提升，68.2%的教师认为需要大力提高教师科研素质和科研能力，59.9%的教师认为需要加强科研培训，58.1%的教师认为需要加大对青年教师的科研扶持。也有不少教师提出要建立科研团队，将科研工作纳入工作量计算，建立常态化的科研成果评奖与奖励机制（见图 17）。

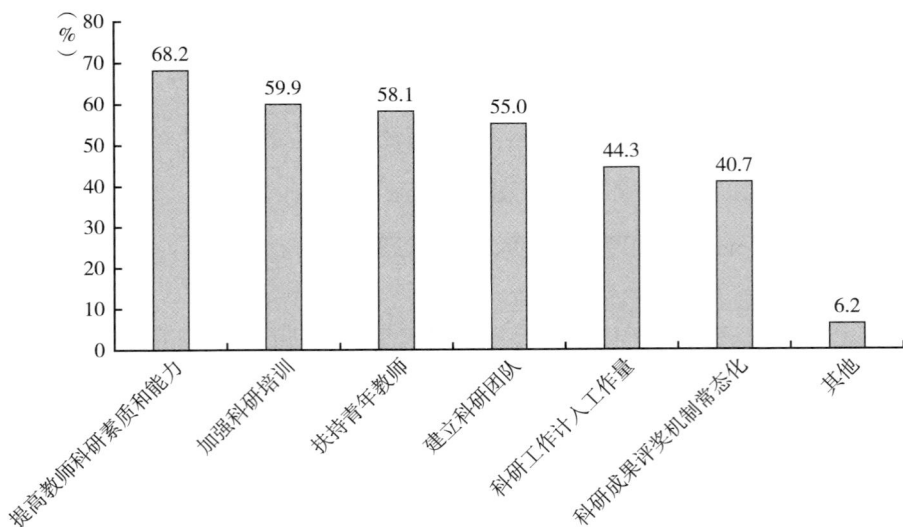

图 17 教师认为可以提升学校科研能力的各类方式分布情况

如上文所述，教师在科研工作中面临的问题是复杂而多元的。最主要的就是时间，教师缺少进行科研的时间，这一方面反映了高中教师教学工作的繁重，也反映了科研在整个教师工作体系中没有被安置于合理的位置。其次是科研能力，一线教师在日常工作中缺少进行科学研究、运用科研结果的机会，学校应注意到这一现象，主动为教师创造科研机会和环境，尤其要激发青年教师的创新活力。最后是激励问题，应建立常态化、稳定科学的教师科研激励奖励机制，充分调动一线教师科研的积极性，唯有如此才能为学校科研水平提升提供强大动力。

四 高中教师培训关注重点分析

这一部分主要围绕高中教师在新高考改革、参与命题、拔尖人才培养等方面的需求与困惑分析教师在培训中关注的重点。在新高考改革持续推进的背景下，高中教师普遍面临对新高考了解不足、参与命题经验不足的问题，由此对与新高考内容相关的培训和提升命题能力的培训有较大的需求，期望通过培训加深对政策和风向的理解，更好地完成教学方式的转变和更新。同时，教师也在如何培养拔尖人才、帮助尖子生备考等方面给予了较多关注。

（一）新高考、新课标、新课程、新教材相关培训

1. 高中教师对新高考改革了解不足

对于新修订的普通高中课程方案和学科课程标准的相关内容，73.8%的教师表示基本了解，23.2%的教师表示一般了解，表示不了解的教师仅有3.0%。对于新课程中倡导的主题或单元教学设计，74.6%的教师表示一般了解但不知道该如何在教学中实施，基本了解且知道如何具体实施的仅有19.9%，有5.5%的高中教师既不了解也不会实施。对于本省新高考改革方案的内容，62.2%的教师表示基本了解，29.8%的教师表示一般了解，8.0%的教师并不了解（见图18）。

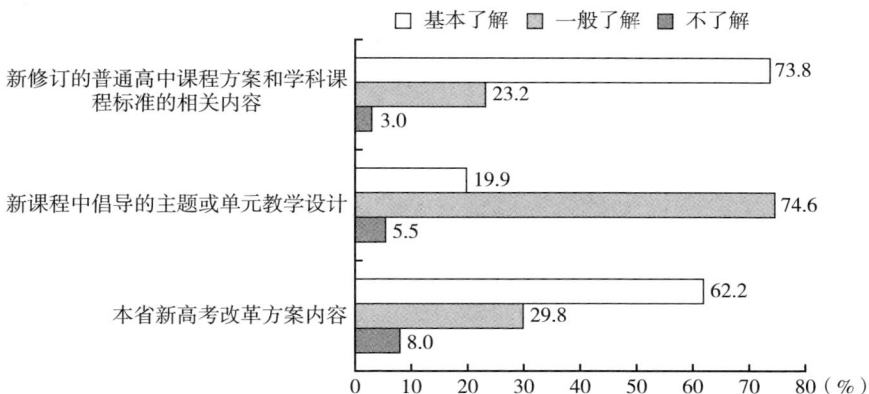

图 18　教师对新高考改革了解情况

这一现象的出现，可能是由于新高考改革方案自2019年才开始在全国分步实施，施行时间短，而高考的考试内容、考试形式、考试科目的变动又

是较为巨大的，教师对改革内容了解不充分、教学实践经验少。这也凸显了对高中教师进行相关内容培训的重要性与急迫性。

2. 如何在理论上理解政策、在实践中落实政策是教师在新高考改革中的主要困惑

调查显示，65.9%的教师的主要困惑是对高考政策、学业质量标准的理解，61.9%的教师的主要困惑是如何适应学生个性化发展开展分层教学，60.5%的教师的主要困惑是如何准确把握新课标与新教材。① 也有50%左右的教师的主要困惑为理解和培养学科核心素养、规划指导学生的选课与生涯发展、评价学生的综合素质（见图19）。

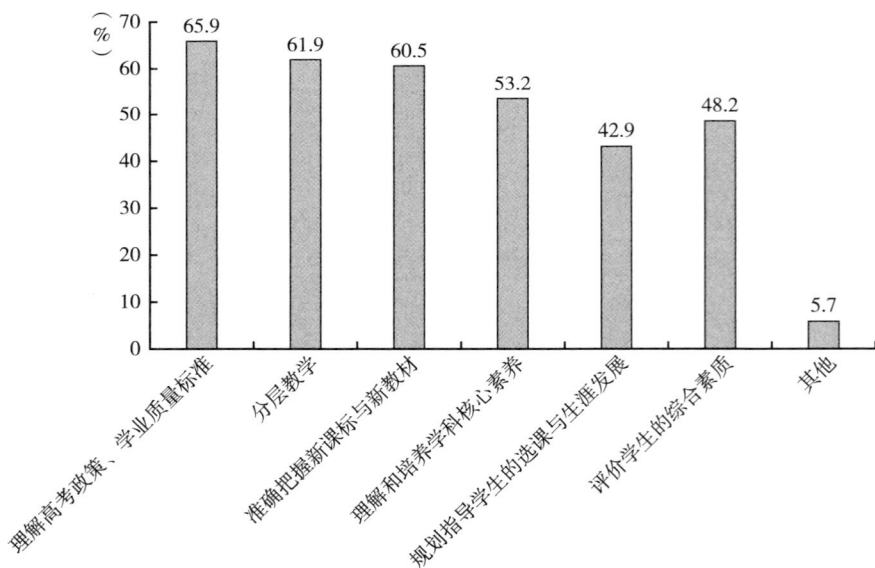

图19 教师在新高考改革中的各类困惑分布情况

可见目前教师一方面需要对新高考政策具体内容有更深入的了解，另一方面也需要将新高考政策中的指导思想与具体的教学实践结合起来。

---

① 此题为多选题。

3. 高中教师参与的有关新高考改革的各级培训集中于校级和市级培训

在参与调查的 666 位高中教师中，55.3% 的教师参与过有关"新高考，新课程，新课标，新教材"的校级培训，45.3% 的教师参与过相关市级培训。国家级、省级、区县级和教材出版社组织的相关培训教师参与较少，分别有 31.5%、34.1%、15.5%、13.7% 的教师参加过这四种培训。此外，有 5.1% 的教师从未参与过任何相关培训（见图 20）。

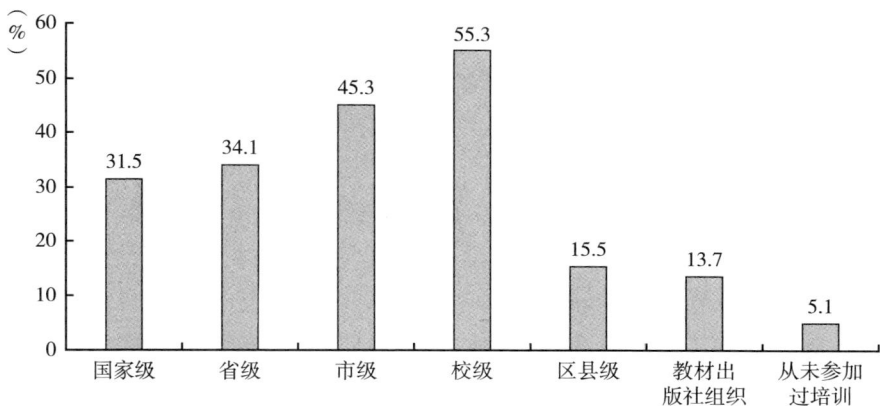

图 20　教师参与各级培训分布情况

从整体上看，多数高中教师都参与过与新高考改革相关的培训，对新的教育政策与走向有一定了解。参与培训的等级集中于校级和市级，这一方面是因为教师与学校、学校与市政府的联系较为紧密，另一方面是由于各地方教育情况存在差异，由市级及以下的单位作为主体开展的培训会更有针对性。

4. 具体的教学方式是高中教师在"新高考、新课程、新课标、新教材"培训中最需要的培训内容

高中教师更偏向对新高考背景下具体教学方式的培训。63.4% 的教师希望培训课程的内容包括结合新课标的新教材的整体把握，62.9% 的教师希望包括如何基于学情实施分层教学，62.3% 的教师希望包括落实学科核心素养的教学策略。新高考命题与评价、高中新课程标准解读这两项内容，分别有 59.8%、51.2% 的教师选择。学生职业生涯规划、学生学业质量评价、信息

技术与学科教学融合创新这三项内容，分别有39.3%、36.8%、34.1%的教师选择（见图21）。

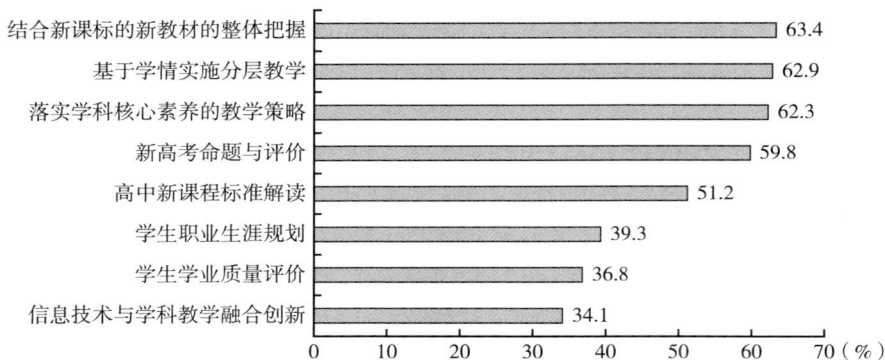

图 21　教师需要的各类培训内容分布情况

教师对具体教学方式的培训需求与教师面对新高考改革产生的困惑及其想了解的内容相关。正是因为高中教师存在不完全理解政策走向、缺少新高考背景下新教学的经验等问题，教师才会有对相关内容的培训需求。有关单位应该注意到一线教师的困惑和诉求，为教师举办及时的、有针对性的、能解决实际问题的培训活动。

5. 与改革直接相关的人员是高中教师在相关培训中最喜欢的培训师资

调查表明，68.0%的教师希望由参加了新高考的一线高中教师对其进行培训，64.6%的教师希望由参与新课标、新教材编写的专家进行培训，58.0%的教师希望由参与新高考政策制定的专家进行培训。相比之下，高中教师对由对高考政策及新课标新教材有研究的教研人、双一流大学学科教授、实行新高考地区的高中学校校长等与新高考政策制定和教学实践不直接相关的人员开展培训的意愿较低，分别有50.5%、33.5%、27.0%的教师希望由这三类人员进行培训（见图22）。

出现这一现象，可能是因为高中教师作为新高考改革的直接经历者与践行者，一方面需要新高考改革政策制定者讲解政策，用改革方向指导教学方向；另一方面也需要其他已经参与新高考改革的一线教师分享经验与教学感

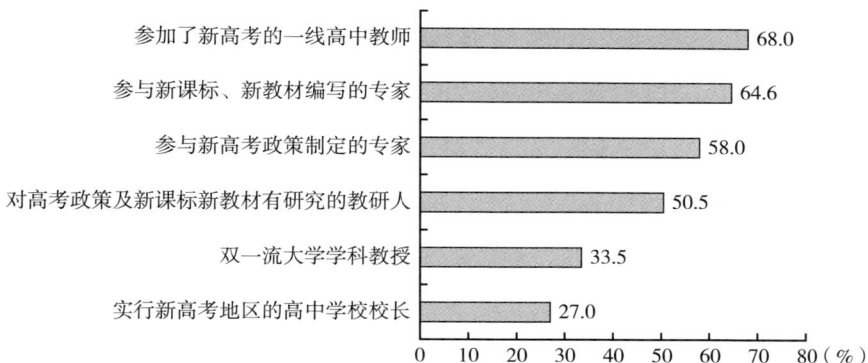

图 22　各类培训师资受教师喜爱情况

受。因此，最受高中教师欢迎的培训师资集中于与新高考改革直接相关的人员。

（二）参与命题情况

1. 高中教师主要参与过校级考试命题

在参与调查的 666 位高中教师中，63.8% 的教师参与过校级考试命题，该比例远高于教师参与的其他级别的考试命题的比例。调查显示，仅17.7% 的教师参与过市级考试命题，5.9% 的教师参与过省级考试命题，1.4% 的教师参与过全国卷命题。随着考试级别的提高，参与过命题的教师也在不断减少。有 28.4% 的教师没有命题经历（见图 23）。

出现这一现象，可能是因为随着考试级别的提高，试卷的影响力越大、重要程度越高，使用该试卷的区域与学生也越多，需要选择有充足教学经验与命题经验的优秀教师进行命题，因而教师参与命题的难度也越大。多数教师仅参与过选拔门槛较低的校级考试命题。同时，接近三成的教师没有命题经历，针对这一现象，学校可以考虑给予未参加过命题的教师更多锻炼机会。

2. 半数以上教师基本了解新高考命题理念和趋势

本次调查中，54.4% 的教师基本了解新高考命题的理念和趋势，33.4%

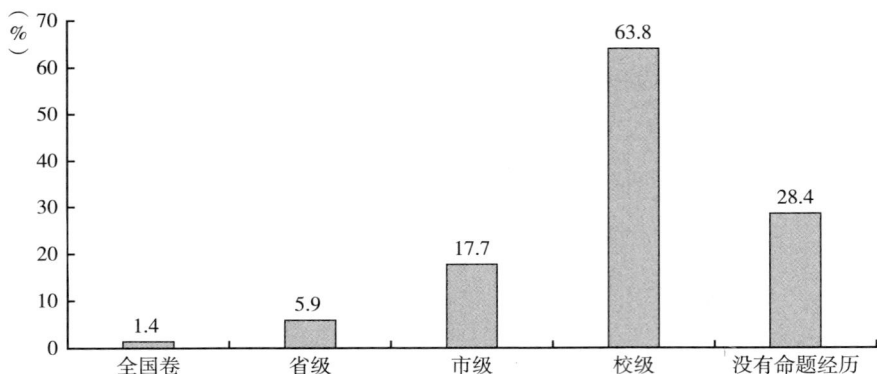

图 23　教师命题经历分布情况

的教师一般了解新高考命题的理念和趋势，非常了解与不了解新高考命题的理念和趋势的教师占比均为 6.1% （见图 24）。

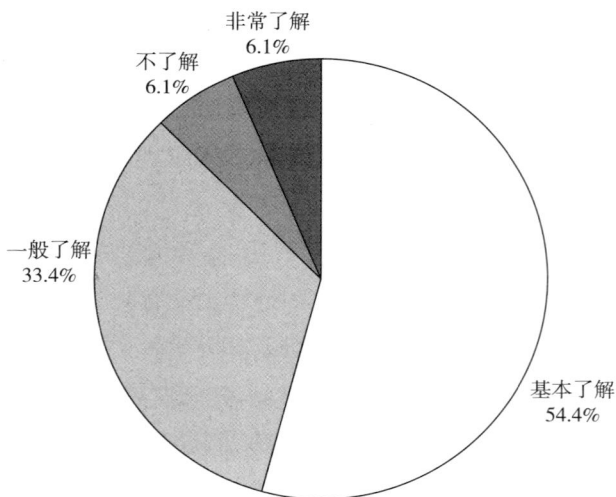

图 24　教师对新高考命题理念与趋势的了解情况

整体上，接近六成的教师基本了解高考命题的理念和趋势，但仍有相当一部分的教师对此了解并不充分，这可能是政策执行时间短、改革内容变化大等原因造成的，上文已有论述。这也说明在一线教师群体中对新高考政策的内涵和思想的宣传仍有待加强。

3. 绝大多数教师认为教师的命题能力与教学教研水平相关

调查显示，超过九成的教师认为命题能力与教学教研水平相关，其中认为密切相关的教师占 61.3%，认为有一定关系的教师占 35.9%。认为关系不大、没有关系的教师分别占 2.2% 与 0.6%（见图25）。

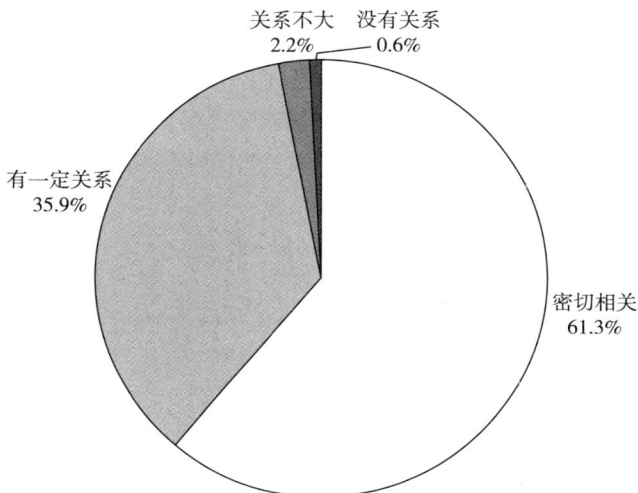

图25 教师对命题能力与教研水平关系的看法

出现这一现象，可能是由于中国教育现阶段学习与考试紧密相连，教师在教学中教授重难点，在考试中也要考察重难点，命题与教学的内在逻辑相通。因此在教学中能抓住重难点的教师，在命题时也更有可能针对重难点设计题目。

4. 六成教师对与培养命题思维及能力的相关培训课程非常感兴趣

对于与培养高考命题思维及能力相关的培训课程，68.1% 的教师认为这类课程很有必要且非常愿意参加，29.4% 的教师对这类课程一般感兴趣，仅有 2.5% 的教师认为这类课程没有必要也不感兴趣（见图26）。高中教师在工作中不仅承担教学工作，也会承担命题工作，对命题思维及能力的培养有助于提升高中教师命题的能力和水平。同时，较高的命题能力也有助于教师准确把握试题走向，及时调整教学重点，提升教学效果。

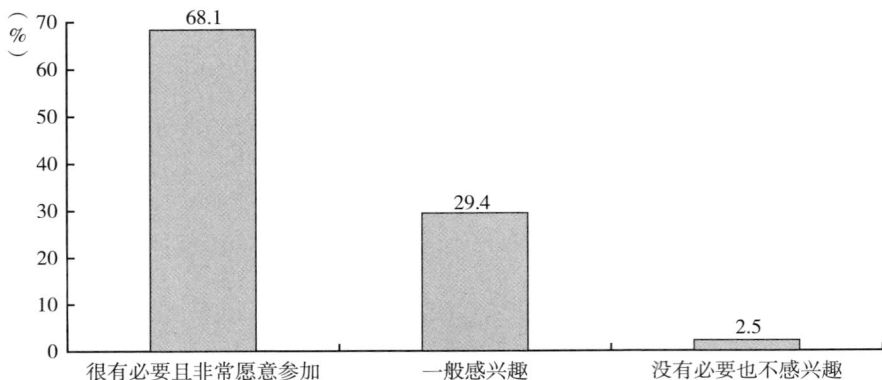

图26 教师对培养高考命题思维及能力的相关培训课程的看法

5. 年龄越大，对培养命题思维及能力的相关培训课程非常感兴趣的教师比例越高

调查显示，年龄越高，认为培养命题思维及能力的相关培训课程很有必要且非常愿意参加该类课程的教师占比越高。在 20～30 岁的教师中，有62.7% 的教师对与命题相关的培训课程非常感兴趣；在 31～40 岁的教师中，这一比值是 66.4%；在 41～50 岁的教师中，比值为 68.7%；在 51 岁及以上的教师中，这一比值提升到 70.7%（见图27）。

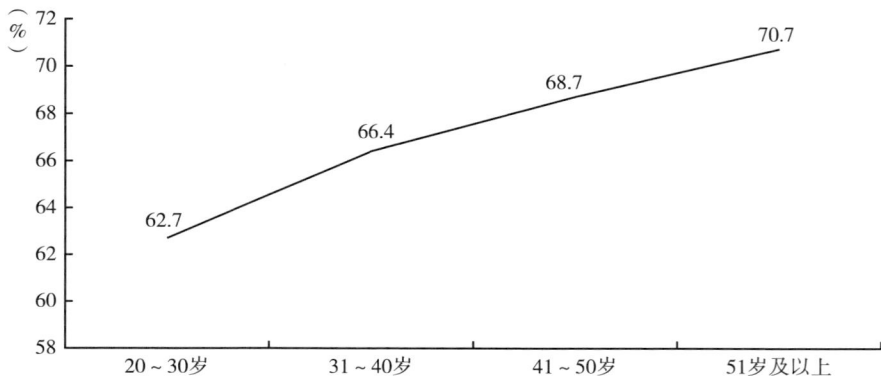

图27 不同年龄段教师对与命题相关的培训的意愿分布情况

对于这种现象，一个可能的解释是随着年龄的增长，教龄在增长，教师的教学经验也在不断累积，教师更有可能获得职称上的提升，因而除了正常教学工作外更有可能承担命题任务，由此催生了更强烈的培养命题思维及能力的课程需求。

（三）拔尖人才培养情况

拔尖人才指有望考上顶尖名校的优秀学生。调查显示，在拔尖人才培养方面，69.2%的教师对拔尖人才培养经验交流感兴趣，67.1%的教师对拔尖人才学科备考感兴趣，57.2%的教师对拔尖人才备考心态调整感兴趣，49.5%的教师对高考命题评价分析感兴趣（见图28）。学校可以根据教师对拔尖人才培养所关注的重点展开培训。

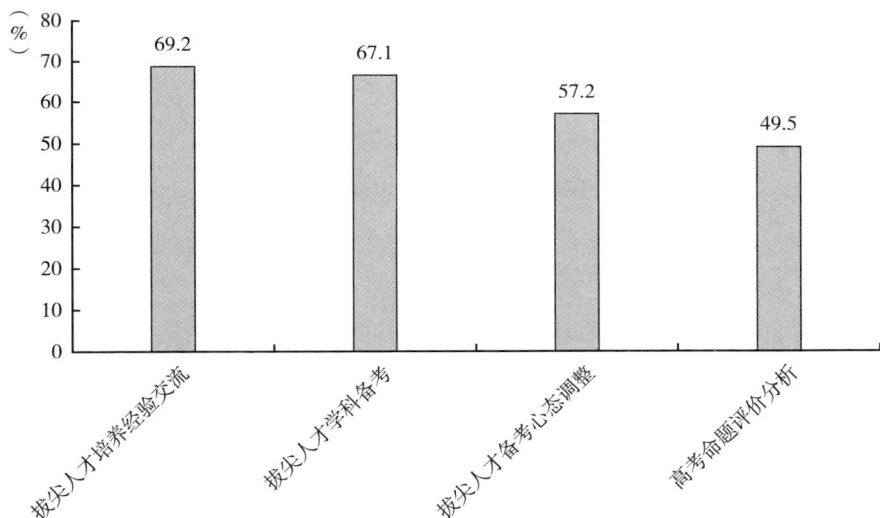

图28 教师关注的有关培养拔尖人才的各类内容分布情况

整体上看，教师对拔尖人才培养问题比较关注，且关注这一问题的女教师的比例高于男教师（见图29）。这可能是两性教学与思维方式的差异造成的。

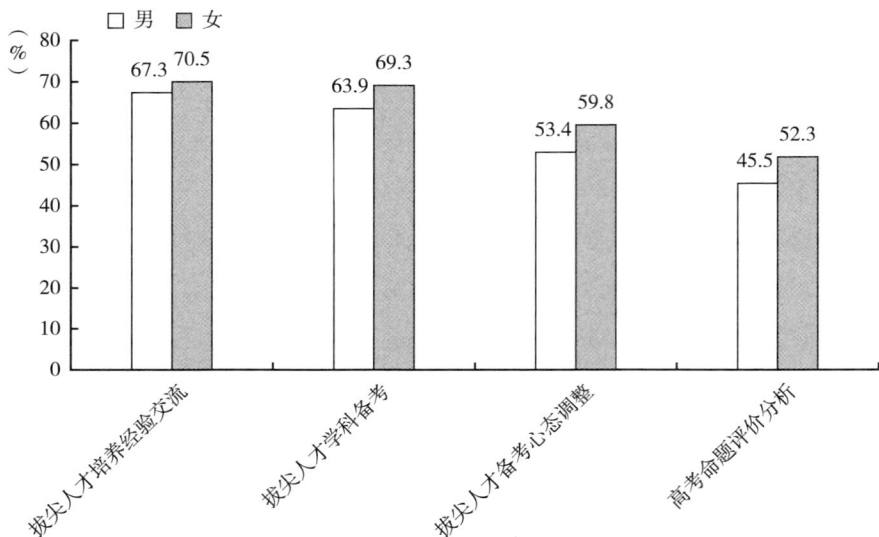

图29 不同性别教师对培养拔尖人才的关注情况对比

五 高中教师培训偏好分析

这一部分重点关注高中教师偏好的具体培训形式，对这一问题的了解有助于有关部门在不给教师增加过多非教学压力的情况下高效开展培训。调查显示，高中教师更偏好三个月一次、一次半天的由专家、学科名师进校讲座研讨的培训形式。教师对不同培训形式的偏好与教师的年龄、职称有一定相关性。

（一）培训形式偏好分析

1. 教师较偏好专家、学科名师进校讲座研讨的培训形式

在本次调查中，有59.3%的教师喜欢专家、学科名师进校讲座研讨的培训形式，喜欢寒暑假赴外地集中培训的培训形式的教师占比54.8%，喜欢互联网在线课程的培训形式的教师占比40.1%（见图30）。

出现这一现象，可能是由于相比于线上培训，线下培训效果更好、对教

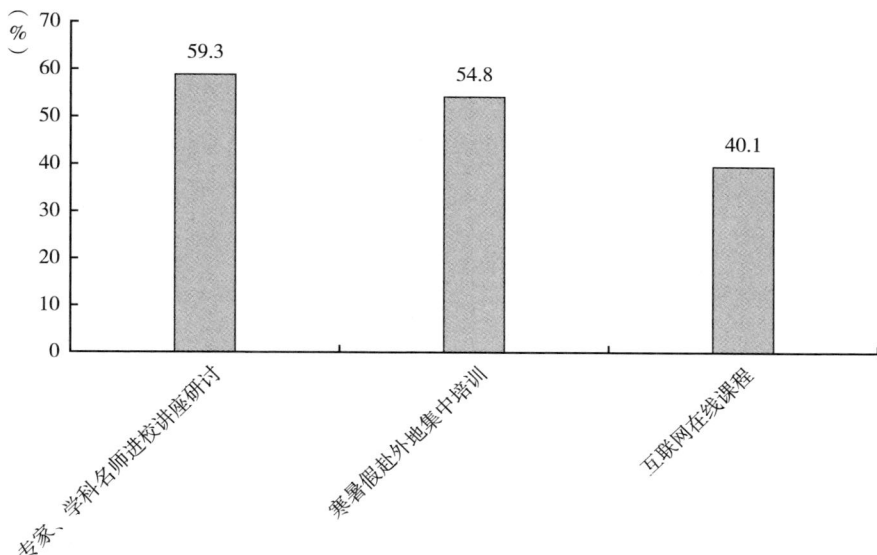

图30 教师喜爱的各类培训形式分布情况

师的帮助更大，因而有更多教师偏好线下培训。在线下培训中，相比于寒暑假赴外地集中培训，专家和学科名师进校讲座研讨的培训形式既不需要占用教师正常教学时间，也不需要占用教师寒暑假正当休息时间，效率最高且更加方便，因此受到更多教师的喜爱。

2. 不同年龄段的教师偏好的培训形式存在差异

调查显示，对于专家、学科名师进校讲座研讨这一形式，51 岁及以上教师对培训形式表现出较强的意愿，其余两个年龄组之间没有明显差异。

对于在寒暑假赴外地集中培训这一形式，有 38.4% 的年龄在 20～30 岁的教师表示喜爱，年龄在 51 岁及以上的群体中喜爱此种形式的教师占比 59.2%。在 31～50 岁的教师群体中，有接近七成的教师喜爱此种形式。

对于互联网在线课程这一培训形式，48.5% 的年龄在 20～30 岁的教师表示喜爱此种形式，43.1% 的年龄在 51 岁及以上的教师表示喜爱此种形式。相比之下，31～50 岁的教师群体中喜爱这种培训形式的教师仅在三成左右（见图31）。

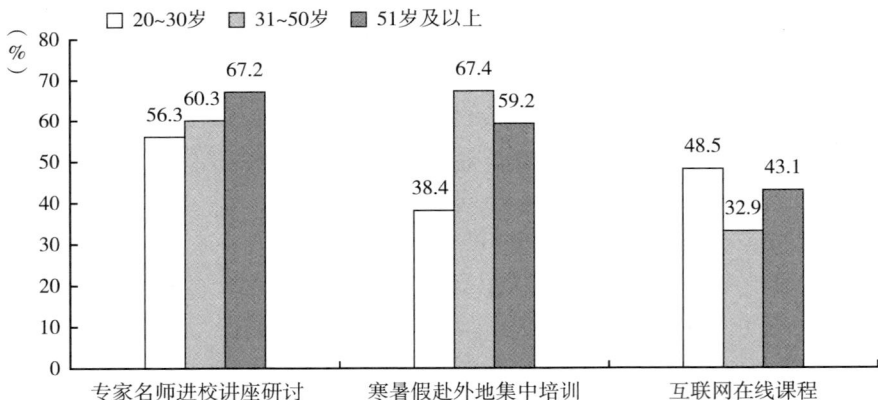

图31　不同年龄段的教师喜爱的各类培训形式分布情况

之所以会出现这种现象，可能是因为对于年龄在 51 岁及以上的老教师来说，赴外地学习旅途奔波，而专家名师进校讲座研讨更节约时间和体力；对于年龄在 20 ~ 30 岁的较为年轻的教师来说，他们更珍视寒暑假的休息时间，且年轻教师对互联网技术的掌握情况也较好，操作非常简便，因而更偏好互联网在线课程。

（二）培训频次偏好分析

1. 教师较偏好的培训频次为三个月一次

根据调查，43.8% 的教师希望每三个月开展一次培训，24.8% 的教师希望一个月开展一次培训，25.4% 的教师希望每两个月开展一次培训，23.7% 的教师希望在寒暑假集中开展培训（见图32）。

更多的教师倾向每三个月展开一次培训，可能是因为三个月接近一学期的时长，这样的安排既不会由于频次过高、间隔时间过短而导致老师不能及时消化由培训学习到的知识与经验，也不会由于时间跨度过长而影响培训效果。

2. 职称为中教二级以下的教师偏好更高的培训频次

调查显示，36.3% 的职称为二级以下的教师希望每月开展一次培训，这

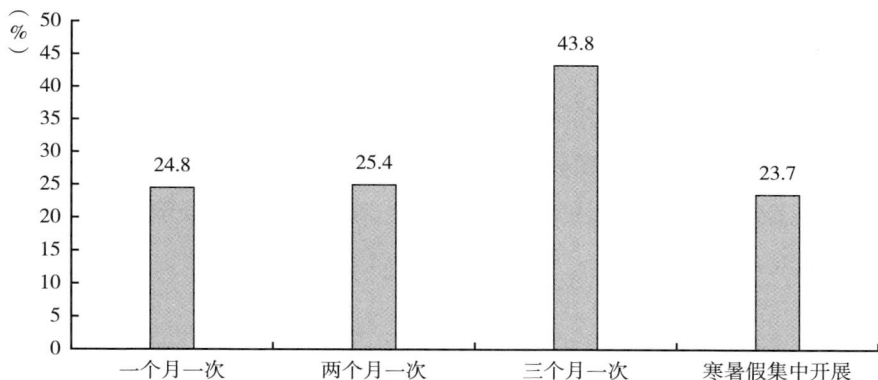

图32 教师偏好的各类培训频次分布情况

一选项在中教二级、中教一级、中教高级及以上教师群体中的占比分别为
21.6%、24.7%、20.8%。35.4%的职称为中教二级以下的教师希望每两月开
展一次培训，这一选项在中教二级、中教一级、中教高级及以上教师群体中
的占比分别为29.4%、22.2%、19.8%（见图33）。相比职称为中教二级及以
上的教师而言，职称为中教二级以下的教师显然更加偏好高频次的培训。

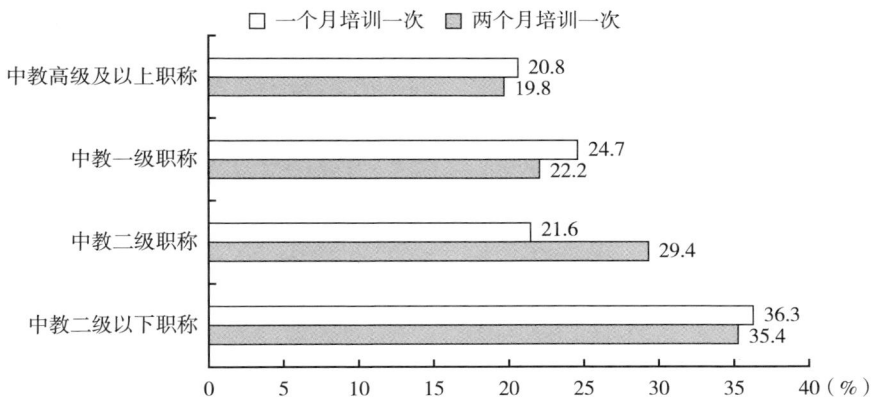

图33 拥有不同职称的教师偏好的各类培训频次分布情况

这可能是由于职称为中教二级以下的教师入职时间短，教学经验不足，
且多集中任教于高一年级，压力相对较轻，因而有更多时间、更多精力、更
高的意愿去参与培训，提升自己。

（三）授课时长偏好分析

在666位参与调查的教师中，有约66.7%的教师希望授课时长为半天，即一次三课时，选择授课时长为半天的教师明显多于选择其他选项的教师。24.8%的教师希望授课时长为一天，13.2%的教师希望授课时长为两天，14.3%的教师希望授课时长为3天（见图34）。

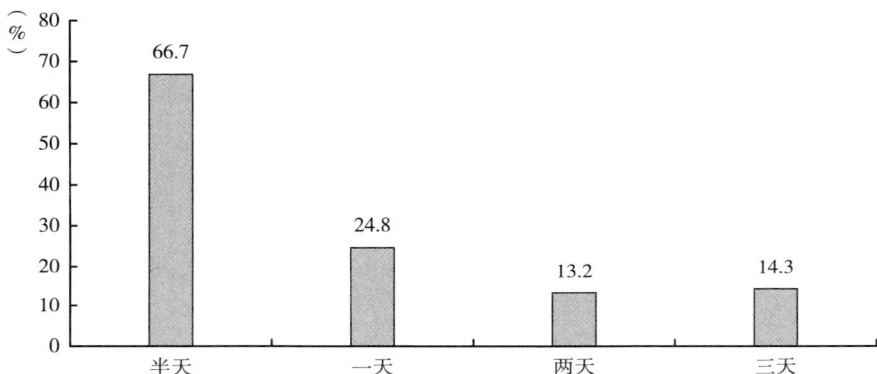

图34　高中教师偏好的各类培训时长分布情况

多数教师希望授课时长为半天，这可能是因为一线教师授课任务重，压力较大，参与其他事务的时间少，因而很难在不影响正常教学的情况下预留更多时间参与培训，且半天培训时长较短，教师参与培训的效率也可能更高，有助于提升培训效果。

六　结论

本报告结合新高考改革持续推进的大背景与教师自身教学科研情况，围绕高中教师培训基础需求、关注重点、培训偏好三方面，对真正能有益于一线教师培训的关键问题做出回应。研究表明，由与新高考改革直接相关人员主讲，开办频次低而质量精，重点解答教学、命题、学生培养等教师在工作中常见困惑的培训，是高中教师真正需要的培训。不难发现，高中教师期待的培训，既要与高考未来走向、当下教学策略等具体问题结合，又要能与教师生活与工作安排相匹配。有关部门应在避免额外给教师增加负担的同时，疏通政策逻辑，解答教学困惑，让教师培训真正赋能教师、助益教育。

B.4
中国县域高中教师职业发展特征分析（2020～2021）

陈其然　张思思　王天骄*

摘　要：　县域高中的改革与发展是中国基础教育改革中的关键一环，县域高中教师作为改革的重要参与主体，其职业发展的情况直接影响到改革的进程与成效。本报告从县域教师队伍的结构特征、教师队伍的职业满意度、教师的职业期望三个维度分析现阶段县域教师职业发展的特征。县域高中教师队伍性别、年龄结构较为均衡，职称结构配置基本合理，学历层次有待进一步提高。教师队伍整体对晋升制度、薪酬制度的满意度偏低，县域教师薪酬标准整体偏低。教师岗位基于其发展稳定性和较高的社会地位为从业者提供了较高的职业安全感。

关键词：　县域高中　教师职业发展　教师队伍结构

一　数据说明

2021 年 3 月 31 日，教育部基础教育司吕玉刚司长在国务院新闻办举行

---

* 陈其然，北京大学教育学院科研助理，主要研究方向为教育经济与管理；张思思，北京大学教育学院高中教育大数据实验室副主任，中国教育发展战略学会高中教育专委会副秘书长，主要研究方向为教育测量与评价；王天骄，北京大学教育学院博士研究生，主要研究方向为教育经济与管理。

的新闻发布会上提到，中国普通高中共 1.42 万所，县域高中 0.72 万所，占了半壁江山，在校生规模超过了一半，达到了 1468.4 万人。①县域高中对于实施乡村振兴战略，促进带动义务教育均衡发展至关重要，全面提升县域普通高中的办学水平，是一项非常重要的工作任务。与此同时，优化结构布局、改善办学条件、加强县域高中教师队伍建设、完善政策保障等都是保障和提升县域高中的办学水平的重要方面。

北京大学教育学院高中教育大数据实验室与中国教育发展战略学会高中教育专业委员会共同组织开展了 2020~2021 年度"高中教育发展全国问卷调查"，共有来自 17 个省（区、市）的 54 所高中的教师参与了"高中教师队伍发展现状调查报告"，共回收有效问卷 1127 份。此处所指的"县域"为县级行政区划的地理空间，从总问卷中筛选出来自县域高中的问卷 454份，这些问卷均为有效问卷，本报告针对该部分县域普通高中教师样本进行研究。

二 县域高中教师队伍结构特征

2018 年印发的《中共中央国务院关于全面深化新时代教师队伍建设改革的意见》提出："立足中国国情，借鉴国际经验，根据各级各类教师的不同特点和发展实际，考虑区域、城乡、校际差异，采取有针对性的政策举措，定向发力，重视专业发展，培养一批教师；加大资源供给，补充一批教师；创新体制机制，激活一批教师；优化队伍结构，调配一批教师。"基于此，教育研究领域应认识到"提升教师教学水平，优化教师队伍结构"迫在眉睫。

（一）县域高中教师性别结构较为均衡，男教师比重相对较大

如图 1 所示，在 454 个县域高中教师样本中，男性教师 239 位，占比约

① 央视新闻新媒体中心官方账号，发布时间：2021 年 3 月 31 日，https：//baijiahao. baidu. com/s？id＝1695736224942269125&wfr＝spider&for＝pc。

为 52.64%；女性教师 215 位，占比约为 47.36%。男女教师的比重差距并不悬殊。

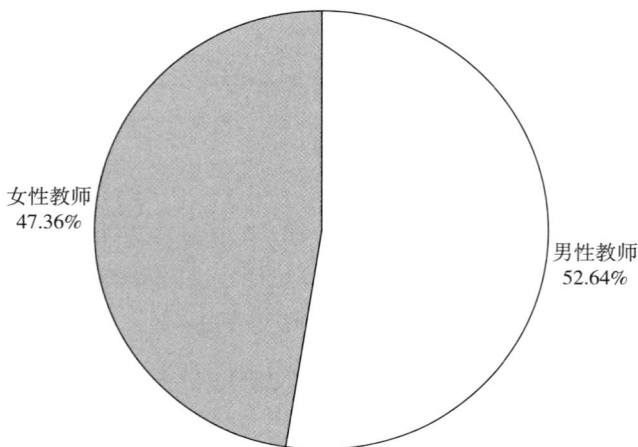

图 1　县域高中教师性别结构

这说明县域高中教师队伍性别结构较为合理，男女教师比例失衡的问题并不明显。原因可能在于以下两方面。第一，县域高中招聘教师大多依赖于社会公开招考，能够根据名额合理安排教师的结构。第二，由于县域地区职业种类有限，对于具有知识、学历的男性而言，高中教师成为比较合适的职业选择。

相关数据进一步表明，县域高中教师队伍中男性班主任的数量较多，比重较大。从比重上来说，在男教师群体中，担任班主任的占比 51.9%；在女教师群体中，担任班主任的占比 17.7%；从数量上来说，在 454 个样本中，男性班主任 124 位，女性班主任只有 38 位，不到男性班主任的 1/3。这可能与高中教育阶段的班主任的工作时长及其所承担的工作量、工作压力有关，男性教师从精力和抗压能力方面都更具有优势。同时，这一数据也表明县域高中的教师性别结构是浅层均衡，在教师职务分配上尚未达到高质量均衡。

这意味着现代教育体系中教师队伍的建设不应只停留在充实教师数量

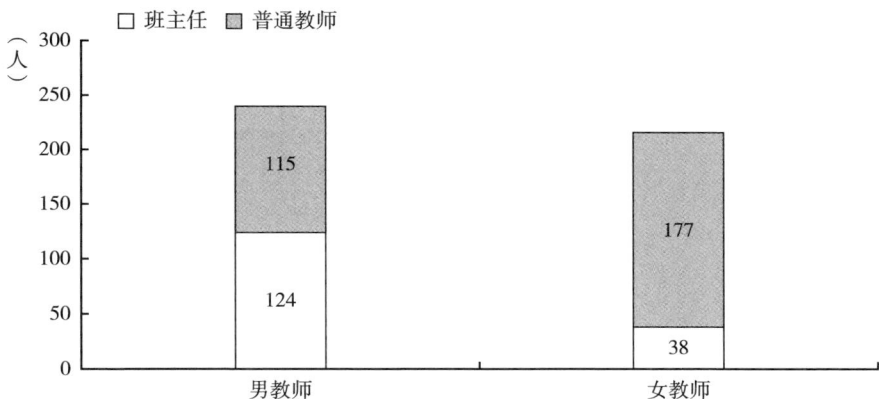

图2　县域高中男女教师中班主任占比

上，更要关注提高教师质量，立足于县域经济社会特点，积极寻求提升教育质量的突破点，更要避免教师队伍的结构性失衡。合理的性别比例是保障教师队伍良好发展的基础条件和关键环节，同时也是有效提升高中教育质量的重要手段。教师性别上的差异使男教师和女教师整体上在认知能力、认知风格及认知结构等各方面都有所不同，这能够影响学生的认知发展和行为方式，因此教师队伍构建与优化应注重均衡性别结构、消解性别差距。

（二）县域高中教师年龄结构呈现收缩型特征

由图3可知，县域高中年龄结构呈现收缩型特征，整体上教师队伍仍以中青年教师为主。25岁及以下的年轻教师占比7.3%；35岁及以下青年教师所占比例为37.4%，约占到了整个县域高中教师队伍的1/3；36~50岁的中年教师占47.6%，中年教师成为县域高中教师的中坚力量；51岁及以上教师占比15.0%。短期来看，县域高中教师的教学经验相对丰富，能够迅速把握学生特点，灵活安排教学活动。从长期来看，中青年教师的数量增长会使教师队伍老龄化，年轻教师的短缺及中青年教师衔接不利等问题也渐渐突出。同时，高中教师队伍老龄化可能会导致中青年教师断层的现象，教师队伍缺乏创新和开拓精神，与学生的代沟较大、交流不畅，日常教学管理工作难以高效率推进。其原因可能有以下两方面。一是教师队伍流动性小，具有与人口年龄相似的自然演进特征。二是教师编制有限，人员经费短缺，人才吸引力较弱。

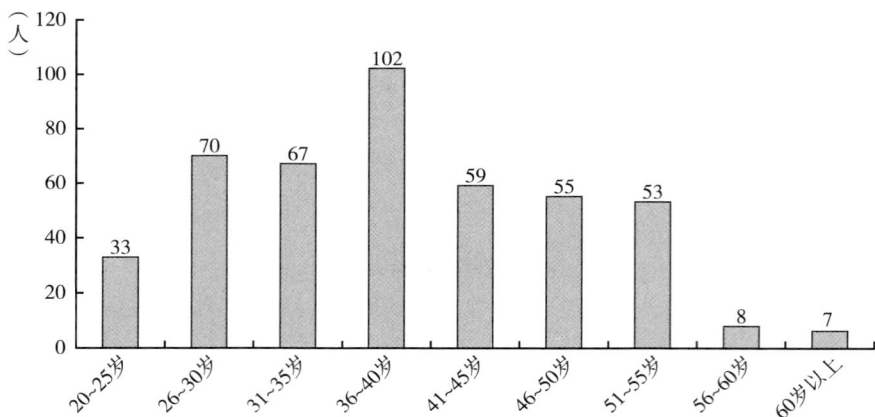

图3　县域高中教师年龄结构

在整体分析的基础上，本报告进一步构建教师年龄结构金字塔（见图4）。教师年龄、性别呈现橄榄型结构，男教师老龄化更加严重，女教师年龄结构更加年轻化。县域高中教师队伍将更早面临缺失青年男教师的状况。基于这样的现实情况，县域高中管理者应注重对青年男教师的培养和训练，做好特岗教师待遇保障，增强岗位吸引力，以应对教师队伍青黄不接等一系列问题。

无论是青年教师资源的缺失还是教师性别结构的失调，其背后的原因都揭示了县域经济相对落后的局面，城乡二元结构依然明显，由此造成的县域层面教学人才流失和稀缺等问题较为严重。这也说明在提升经济欠发达地区硬件办学条件的同时，还应注重提升县域教师的福利待遇水平，拓宽教师来源渠道，建立健全教师补充机制，优化县域高中教师队伍年龄结构。唯有如此，才能真正提高县域中学的教育质量，缓解城乡教育不均衡问题，有效促进教育公平。

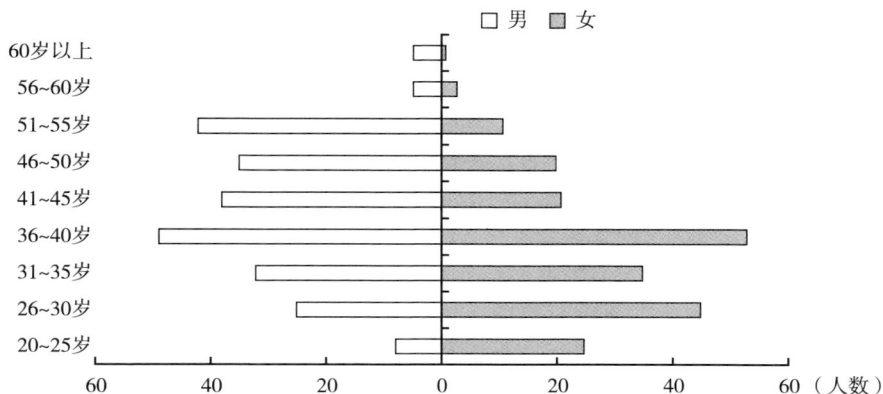

图 4 县域教师年龄、性别结构金字塔

（三）县域高中教师职称结构配置基本合理，教师学历水平有待提高

由图 5 可知，在县域高中教师队伍中，拥有中级职称和高级职称的教师的比重较大，拥有正高级职称和特级职称的教师相对匮乏，教师职称配置整

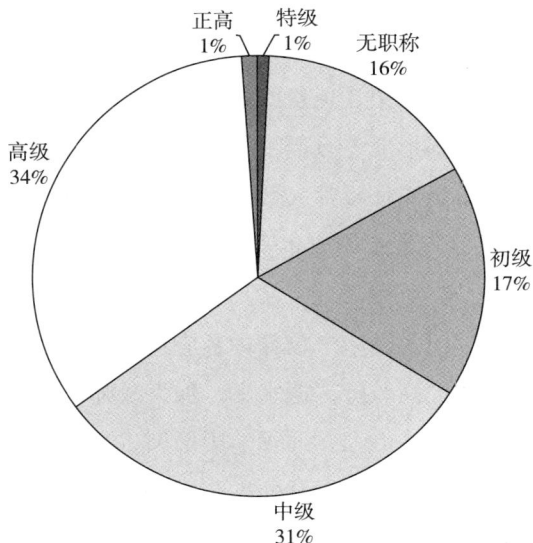

图 5 县域高中教师职称结构配置情况

体相对合理。数据显示，无职称的教师占比为 16%，拥有初级职称的教师占比 17%，拥有中级职称的教师占比为 31%，拥有高级职称的教师占比为 34%，拥有正高级和特级职称的教师占比总共只有 2%。

上述特征一方面说明了拥有高级职称的教师和拥有中级职称的教师是县域高中教师队伍的重要组成部分；另一方面，正高级和特级教师的比重极低，一定程度上揭示了县域高中教师的晋升困境。县域高中教师受其自身学历背景、晋升名额、优质课程资源、奖项荣誉等多方面因素的限制，大部分止步于中、高级教师职称，无法申请正高级和特级教师职称，教师对晋升制度的满意度也较低。县域高中缺乏优质教师资源，将进一步影响区域教育水平，阻碍教育公平的发展。

教师晋升制度作为一种外在的评价机制，起着激励和促进教师专业发展的作用。因此，如何建立合理的教师评价机制，完善晋升制度，帮助县域高中教师突破晋升困境是促进教师专业发展、提升教师教学水平及高中办学质量的重要抓手。教育行政部门应着重考虑以下几个方面。合理设置晋升岗位，优化教师专业发展平台；科学设计评审指标，推动教师全面发展；加强晋升制度建设，加强跨学校跨地区教师交流培训，切实提升教师专业技术水平。

由图 6 可知，在高校扩招、免费师范生等政策推动下，县域中学教师队伍学历本科化的特征基本形成，且需要扩大教师队伍中硕士和博士的占比，并逐步减少高职高专学历专任教师人数。在 454 个有效样本中，有 371 人为本科学历，占比达到 81.7%；研究生学历共计 69 人，占比为 15.2%；高职高专学历有 14 人，占比为 3.1%。

政府、教育管理部门及高中学校管理者应从以下两个方面推动教师学历层次的提高。一是切实提高教师待遇水平，加大教师培训投入；二是鼓励教师根据需要选择成人函授、电大、远程学历培训、自学考试等多种形式，积极提升学历水平。教师学历提升将有助于建设一支能够适应基础教育发展所需要的高素质、专业化的教师队伍，为县级地区基础教育事业高质量均衡发展、促进区域教育公平提供有力的师资保障。

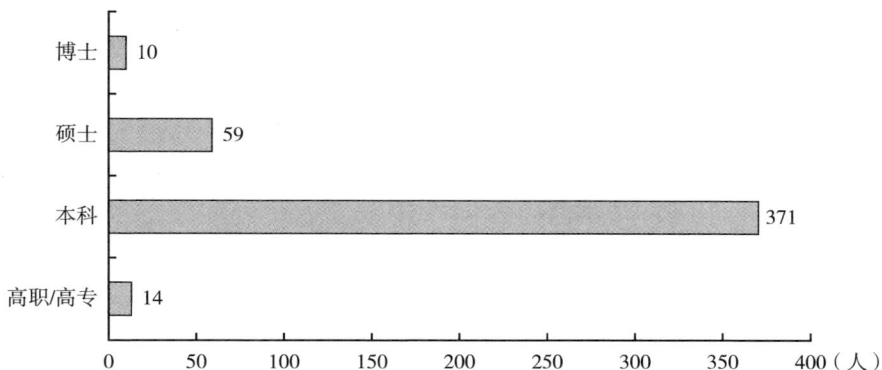

图6 县域高中教师学历层次结构

三 县域高中教师队伍职业满意度

（一）县域高中教师实际月薪存在学科差异，教师队伍整体对薪酬的满意度偏低

薪酬和工作条件是吸引、培养和留住高资质和高技能劳动力的重要因素。教师工资水平和薪酬满意度可以直接影响个人参与教师培训、成为教师的意愿。通过调查发现，县域高中参与调查的教师群体，平均实际月收入（包括出勤费、阅读费、班主任补助、兼任行政部门工作补助、奖金等）为4401.1元，且不同学科的教师存在一定的工资差异。由图7可知，地理科目的任课教师的实际月收入最高，为4772.0元；政治科目的任课教师月收入相对最低，为4053.5元；数学和英语科目的任课教师的实际月收入与整体平均月收入最为接近，分别是4460.9元、4397.4元。

教师的工资收入受到了学科专任教师人数、班级规模、课时量、绩效制度，以及地区经济发展水平等多种因素的共同影响。按照专任教师实际月均收入排序，前三名的科目为地理、物理、历史。小学科教师工资高于平均水平的原因可能是县域高中在学科教师配置上对小学科配置的教师数量较少，教师同时承担很多班级的授课任务，课时量的增加使其绩效工资更高。

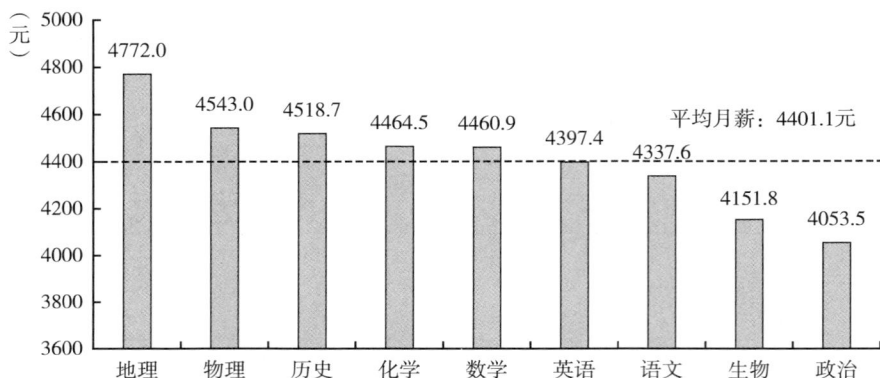

图7 学科教师实际薪酬情况

由图8可知，教师整体对薪酬的满意度较低。感到不满意的占比约51.3%，感到非常不满意的占比约17.4%。对现有薪酬感到不满意的教师已超过半数，原因可能有以下几方面。一是受到县域经济发展的限制，薪酬总额较低。二是受到地方财政预算限制，教师薪酬涨幅不明显。三是教师绩效薪酬机制及分配制度存在不合理之处。教育行政部门应切实提高教育经费使用效益，不断完善教师工资稳定增长机制，加大政府问责力度；加大对困难县域地区财政支持力度，平衡学科间教师收入差距；不断提高教师福利待遇，营造良好教育教学环境。

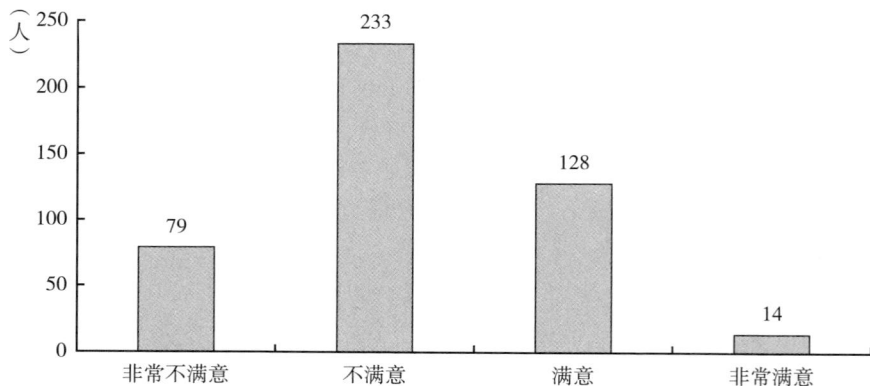

图8 教师整体薪酬满意度

（二）晋升制度整体满意度较低，男教师对晋升制度的评价高于女教师

在基础教育领域，为促进教师队伍建设和提高教育教学质量，国家制定了以教师发展为中心的中小学教师职称制度。通过对县域高中教师对晋升制度的满意度进行调查发现，教师群体对晋升制度的整体满意度较低，男教师满意度高于女教师。对晋升制度非常不满意的教师占比22.8%，对晋升制度不满意的教师占比46.2%，对晋升制度满意的教师占比26.3%，对晋升制度非常满意的教师占比4.7%。

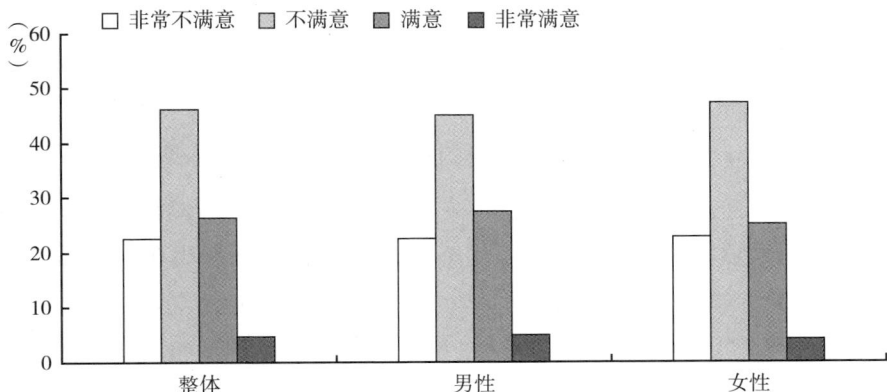

图9 教师职称晋升制度评价分析

通过进一步分析发现，女教师对职称晋升制度的满意度普遍低于男教师。对晋升制度感到非常不满意的女教师占比22.9%（男教师22.7%），感到不满意的占比47.7%（男教师45%）；对晋升制度感到满意的女教师占比25.2%（男教师27.3%），感到非常满意的占比4.2%（男教师5%）。这说明，女教师职称晋升存在更多的问题，女教师在职称晋升中面临的现实困难更多。

县域教师对晋升制度整体满意度较低的原因包括以下几方面：职称晋升名额较少，奖项荣誉要求不达标，课题论文产出不足，晋升条件变化较快。

针对县域高中教师晋升的现实困境，高中学校管理者和教育行政部门应重点
为教师发展打造更为广阔的交流平台，扩展其提升空间，提供更多发展机
会。相对公平的晋升制度能够保护教师的工作热情，也能够逐渐淘汰教学质
量较差的教师，为不断提高教育质量提供重要的制度保障。

（三）县域高中教师整体职业满意度较高，班主任群体和普通教师群体的满意度评价存在一定差异

针对县域高中教师的职业满意度所进行的调查发现教师对工作的整体满
意度较高，班主任群体对工作的满意度评价差异明显。如图 10 所示，整体
上对工作非常满意的教师占比为 8.2%，对工作满意的教师占比 62.1%，对
工作不满意的教师占比为 23.8%，对工作非常不满意的教师占比 5.9%。通
过分析进一步的分类数据发现，班主任在对工作满意和非常不满意的两选项
上的占比均高于普通教师在这两方面的占比。对教师工作感到非常不满意的
班主任占比 8%（普通教师 4.8%），对教师工作感到不满意的班主任占比
20.4%（普通教师 25.8%），对工作感到满意的班主任占比 64.2%（普通
教师 60.8%），对教师工作感到非常满意的班主任占比 7.4%（普通教
师 8.6%）。

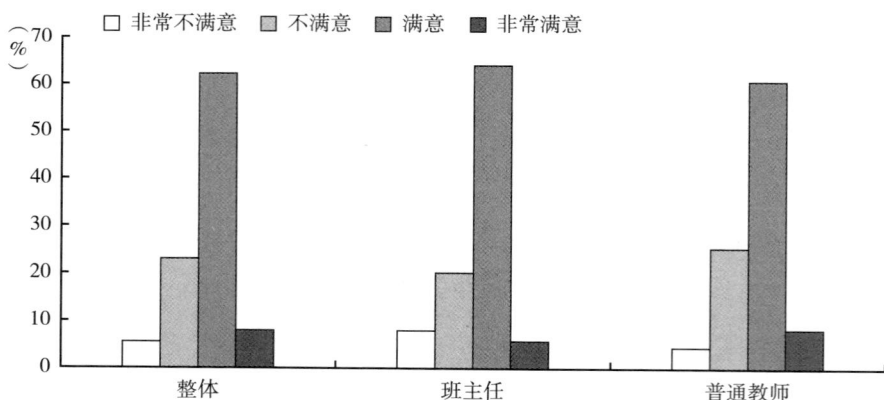

图 10　县域高中教师职业满意度分析

造成班主任群体和普通教师群体满意度差异的原因可能有以下几点。班主任兼具教学和管理的角色，尽管其薪酬水平更高，但同时面临繁重的工作任务和工作压力。班主任与学生共同交流的机会更多，职业获得感更强。班主任需要与家长沟通，所面临的职业挑战更多。班主任在职称晋升中相对更有优势，对职业发展前景有更好的预期，但受制于学校与区域的基本情况，其晋升机会较少，心理落差较大。

教师群体的工作满意度受到了薪酬待遇、学校管理、学生素质等因素的共同影响，学校管理和学生学业成绩给教师带来的工作压力影响了教师对工作满意度的评价。县域高中应加强学校的内部治理，构建更加灵活的教师薪酬制度体系。教育行政管理部门应改革以学生成绩为核心导向的教师考评体系，提升县域地区教师的薪酬待遇，减轻县域高中教师的行政事务负担。

四　县域高中教师职业期望分析

近年来，在中国的人口结构、经济发展区域间的差异不断变化，以及高中教育系统中马太效应不断加剧的背景下，县域高中教师开始面临着更大的工作压力，其工作的未来前景的不确定性增强。鉴于此，我们针对县域高中教师的职业期望进行了调研，通过数据统计了解县域高中教师对于薪酬期望、职业前景以及个人职业规划的看法，以此掌握当下中国县域高中教师队伍对未来职业发展的预期，并由此探讨中国县域高中教师队伍未来的整体走向。调查发现，县域高中教师目前的薪酬水平与其预期还有一定差距，但多数教师对于县域高中教师职业的发展前景持乐观态度，且大概率不会在短期内选择离开教师岗位。但仍需注意的是近四分之一的县域高中教师对自身职业发展缺乏思考与规划，需要在教师发展与培训中加强这方面的帮扶工作。

（一）县域高中教师薪酬期望

图 11 显示了县域高中教师期望的月收入的分布情况，有 53.2% 的教师期望月收入在 8000 ~ 10000 元，22.9% 的教师期望月收入在 3000 ~ 7000 元。

在县域高中优质生源流失严重、超级中学马太效应日趋显著的情况下，县域高中教师往往需要承受更大的工作强度和绩效压力。在这种情况下，难免出现教师对现有薪酬不满的情况。与此同时，由于县域高中面临教师招聘困难的问题，再加上新高考政策对高中教师结构灵活性的要求，许多县域高中不得不采用了招聘临聘教师的方式补充师资力量，而这部分教师的薪资往往较低，这加剧了教师的期望薪酬与实际薪酬的差距。

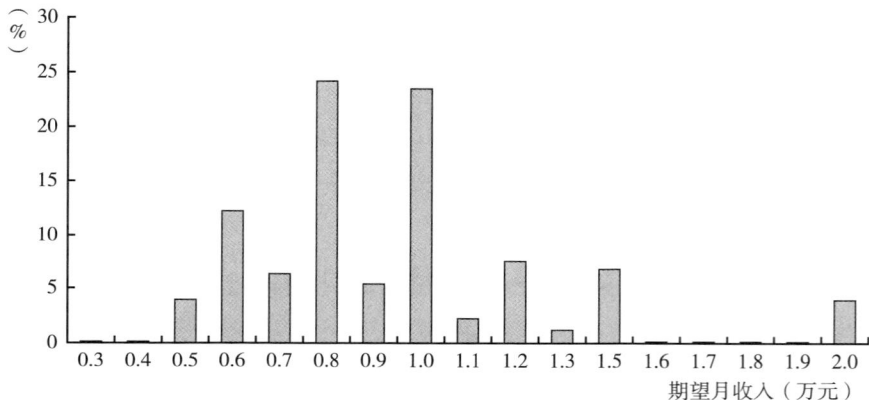

图 11　县域高中教师期望月收入分布

图 12 统计了县域高中教师实际月收入与期望月收入的差距分布情况，统计结果显示，差距分布整体呈正态分布形态，多数教师认为自己目前的月收入与期望月收入之间仍有 2000 ~ 4000 元的差距。仅有 2.8% 的县域高中教师认为自己目前的月收入情况符合或高于预期。过大的薪酬期望差距会有损教师的工作积极性以及职业信念，之所以会产生这种较大的实际—期望薪酬差距，一方面是因为县域高中限于地区经济发展水平和相关政策要求难以为县域高中教师提供更高的薪酬待遇，综合教师较大的工作压力和较长的工作时长来看，其实际薪酬与期望薪酬不符。另一方面，随着优质生源和其他优质教育资源的流失，以及地市—县域间纵向教育不均衡问题的加剧，县域高中教师的教学工作更难获得成效，这影响了教师工作成就感的获得，进而使其需要更高的薪酬作为工作激励。

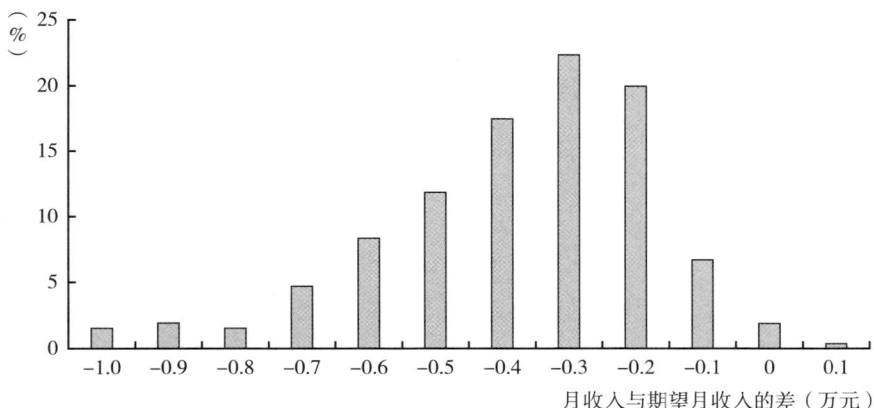

图12　县域高中教师月收入与期望收入差距分布

（二）县域高中教师发展前景期望

图13显示了县域高中教师对其职业未来发展前景的看法。统计结果表明，48.5%的县域高中教师认为自己的工作发展前景一般，29.6%的教师认为发展前景较好，仅有5.4%的县域高中教师认为自己的工作发展前景非常好，认为工作前景不好和很不好的教师共占16.5%。由此可见，多数县域高中教师对于职业发展前景持保守或乐观态度，县域高中教师岗位基于其发展稳定性和较高的社会地位为从业教师提供了较高的职业安全感。

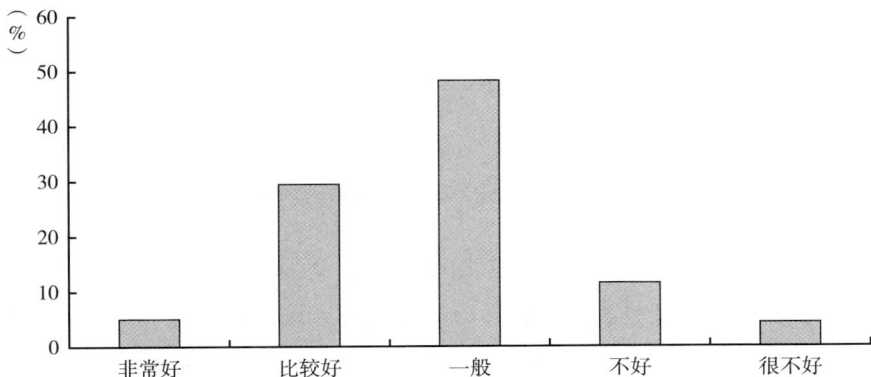

图13　县域高中教师对职业未来发展前景看法的分布

（三）县域高中教师的职业变动倾向

图 14 显示了县域高中教师的职业规划情况，数据分析表明，有 48.1% 的县域高中教师表示会一直从事目前的工作，有 14.8% 的县域高中教师表示会在 3 年之内离开目前的工作岗位，也有 22.8% 的教师表示并未考虑过这一问题，14.2% 的教师可能会在岗位上再持续工作 4 ~ 8 年。由此可见，大部分教师并没有强烈的转行意愿，仅有 4.2% 的教师准备在一年内更换工作岗位，这说明县域高中教师的流动性较低。当然，高达 22.8% 的教师表示并未考虑目前工作持续时长的问题，也说明县域高中教师中有相当一部分群体自身缺乏系统的职业规划，这部分教师可能会因为外部环境变化和自身职业发展等原因在短时间内决定离开现有工作岗位。在今后的教师发展与培训工作中应该更加关注县域高中教师的职业发展规划情况，对其职业发展规划予以引导。

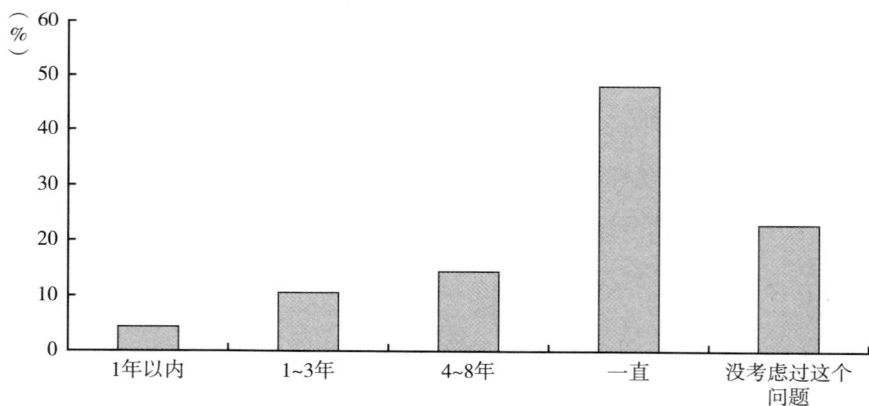

图 14　县域高中教师职业变动规划情况

此外，我们还调查了县域高中教师倾向变动的职业类型。图 15 显示了具体的统计结果，结果表明县域高中教师最倾向的职业类型是省市公务员，选择该项的教师比例达到 23%，这说明将近 1/4 的县域高中教师认为省市公务员是比教师更好的职业选择。排第二名的是占比 17.2% 的创业、自由职业选项，这一方面说明了县域高中教师对自身能力及技能价值的自信，另一方面也说明在教育市场化和民办教育兴起的背景下，许多县域高中教师跃跃欲试，试图通过创业或选择自由职业的方式来获得更高的收益。排第三位的是占比16.7%的学业深造选项，选择这一选项的多为25~35岁的青年教师。这部分教师在经历了一段时间的教学工作后往往会认识到自身教学能力能够更加精进的可能性，从而希望通过进一步深造来优化自身能力。当然也不排除有部分县域高中教师期望通过跨专业进行学业深造的方式改变自己的职业路径，从而进入其他行业工作。除以上占比较高的三种县域高中教师职业倾向外，中央和国家机关公务员、其他类型事业单位、其他学校、国有企业、私营企业、群团组织也是县域高中教师倾向变动的职业类型。整体而言，县域高中教师在职业变动倾向上还是更加偏好有国家编制的体制内的工作，同时也有相当数量的教师认为自己能够通过创业或自由职业路径在市场中实现自身价值。

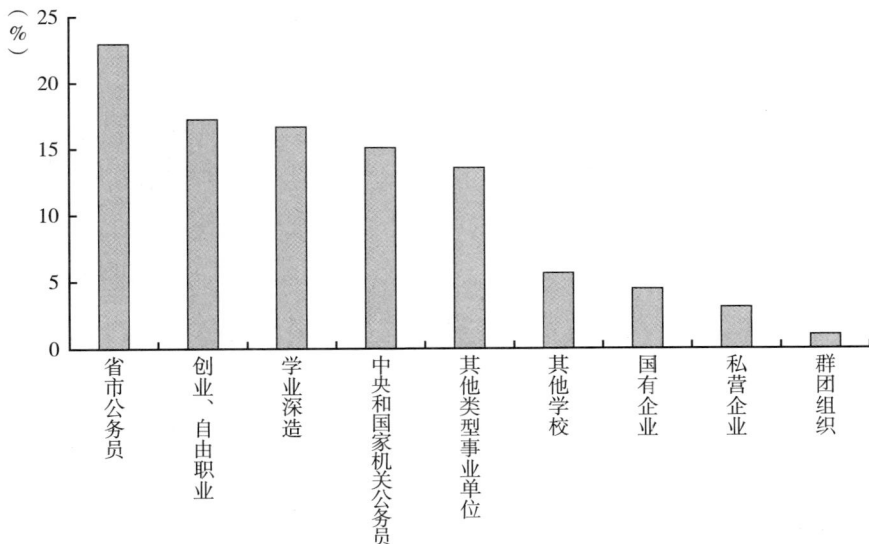

图15　县域高中教师倾向变动的职业类型分布

案 例 篇

Case Studies

B.5
党建工作对促进教师专业发展的作用研究

——以对外经济贸易大学附属中学党总支为例

徐 卫*

摘　要： 党建工作对促进教师专业发展、提升学校教育教学水平发挥着重要作用，它有助于为教师教学工作明确方向指引，有助于为教师德育工作贡献正向能量，有助于为教师日常工作提供积极动力。为发挥党建工作促进高中教师的专业发展的作用，应加强教师的理论学习以着力提升教师学习创新能力，深入实践过程以树立教师责任担当意识，规范制度建设以加强教师组织纪律。对外经济贸易大学附属中学围绕以上措施扎实推进党建工作，在教师专业发展方面取得了较突出的成效。当前，学校持续推进党建工作应注重"三个结合"：党建工作与立德树人相结合，理论教育、实践培育与制度规范

---

* 徐卫，对外经济贸易大学附属中学党总支书记，高级教师。

相结合，党建工作方法与党员需求相结合。

关键词： 党建工作 高中教师 教师专业发展

习近平总书记在 2018 年全国教育大会上强调 "各级各类学校党组织要把党建工作作为办学治校的重要工作，把抓好学校党建工作作为办学治校的基本功"①。党建工作作为引领学校教育教学管理的重要手段，对教师专业发展也发挥着重要作用。在党的教育方针和政治工作方针的指导下，北京市普通高中示范学校——对外经济贸易大学附属中学扎实推进党建工作，在教师专业发展方面取得了较突出的成效。

一 党建工作对高中教师专业发展的意义与价值

教师是立教之本、兴教之源。高中是基础教育的重要阶段。高中教师肩负着在学生成长的关键时期引导学生成长成才的重任，其专业发展水平直接影响着学校立德树人根本任务的完成程度。因此，提升教师专业发展水平成为学校建设的重要内容。其中，学校党建工作在培育教师教育教学能力的过程中发挥着不可或缺的独特作用。

（一）有助于为教师教学工作明确方向指引

习近平总书记强调，"加强党对教育工作的全面领导，是办好教育的根本保证"②。要确保党的领导在学校全面发挥作用，必须坚持把党的教育方针政策贯穿学校办学育人全过程。事实上，"为谁培养人，怎样培养人、培

---

① 《坚持中国特色社会主义教育发展道路 培养德智体美劳全面发展的社会主义建设者和接班人》，《人民日报》2018 年 9 月 11 日。
② 《坚持中国特色社会主义教育发展道路 培养德智体美劳全面发展的社会主义建设者和接班人》，《人民日报》2018 年 9 月 11 日。

养什么人"是教育首先要回答的问题。开展党建工作，有助于在教师中宣传、落实党的教育方针和政策，为教师的教育教学工作提供目标引领和思想支撑，引导教师自觉承担起培育社会主义事业建设者和接班人的政治责任，这也是提升教师专业水平的首要前提和必然要求。只有优化学校党建工作，真正将党对基础教育工作的领导落到实处，才能在开展基础教育过程中真正发挥党的政治核心作用，办好人民满意的教育。

（二）有助于为教师德育工作贡献正向能量

习近平总书记曾指出，"要把立德树人的成效作为检验学校一切工作的根本标准"①。教师是教育的践行者，立德树人根本任务的完成离不开教师的教育教学实践。在此意义上，培育一支政治立场坚定、思想品德良好以及具有较高教学水平的教师队伍，是践行立德树人根本任务的必然要求。学校党建工作是培育和提升教师政治素养和思想道德修养的重要渠道。教师通过形式多样的党建活动，得以不断锤炼自身的人生观、价值观和世界观，树立坚定的理想信念，从而在血脉中融入红色基因，不断提升自身的政治素养和党性修养。同时，教师在党建实践中积极承担社会责任与使命，在教育教学中以身作则，为学生树立榜样，在获得学生的认同的同时，影响学生的人生观、价值观和世界观。只有把理想信念融入教育全过程，才能培育有信仰有力量的时代新人。

（三）有助于为教师日常工作提供积极动力

在教育教学的日常工作中，教师爱岗敬业、勤勉奉献，充分发挥主观能动性，在教师岗位上争创一流业绩，是促进教师专业发展水平不断提升的重要因素。在此意义上，学校党建工作通过提升教师教学积极性，提升教师教育教学水平。一方面，教师在良好的政治素养和党性修养的指引下，能够更加深刻地认识到其肩负着为党和国家事业发展培养德才兼备的人才的历史重

---

① 《习近平在北京大学师生座谈会上的讲话》，《人民日报》2018 年 5 月 3 日。

任，从而能更加自觉、更加主动地提升自身教育教学水平，为办好人民满意的教育做出贡献。另一方面，通过思想理论宣传和教育，有助于统一思想、凝聚共识，引导教师逐步认同学校发展目标和教育教学目标，调动教师教育教学的主动性和积极性。

（四）有助于在教风建设中树立榜样

科学有效的党建工作有助于在学校中营造积极向上的文化氛围，有助于在教师之间形成良好的教学风气。这是因为，一方面，党员教师在党建中接受培育，实现自身政治素养和党性修养的提升，形成正确的世界观、人生观和价值观，由此能自觉在教师工作岗位上发挥先锋模范作用。党员教师的模范带头作用有助于带动全体教师的教学积极性，激励大家不断追求进步。另一方面，党建工作常态化、大众化，有助于扩大党建工作的辐射范围，营造全员学习、全员了解、全员抓党建的良好氛围，帮助全体教师在风清气正、争先创优的校园氛围中不断提升自己。

二 党建工作促进高中教师发展的具体途径

作为促进教师专业发展的重要途径，高中学校的党建工作一方面应体现新时代党建的共性要求，另一方面也应实现与教育教学的同频共振，既要在党建中提升教师的教育教学水平，也要在教育教学工作中落实党建工作。对此，对外经济贸易大学附属中学以提升教师专业发展水平为重点，突出"三作用"（党建的引领作用，支部战斗堡垒作用，党员先锋作用），把握"四个态"（形态、状态、心态、语态），"成就三种人"（政治上的明白人，教育教学领航人，师生家长的贴心人），在促进教师专业发展方面取得了良好的效果。

（一）加强理论学习，提升教师学习创新能力

加强理论学习是把牢理想信念总开关的"密钥"，而要练就"金刚不坏

之身"，必须用科学理论武装头脑，不断建设我们的精神家园。

为此，对外经济贸易大学附属中学积极响应中央号召，严格落实党支部基本制度，落实三会一课制度，创新活动形式，通过多种渠道和载体强化价值引领。采取书记校长讲党课、专家讲座、故事宣讲、日记分享、党员家书、召开党员发展会等形式，利用学习强国软件、微信公众号、报刊等载体，引导党员看到党的工作的价值，从而触动党员、群众的灵魂，激发他们的使命感和责任感。教育党员牢固树立"在组织里的人，就要过组织生活"的意识。在坚持实事求是地开展批评与自我批评的同时，运用激励、关怀、帮扶等方式方法，经常与党员交心谈心，及时掌握党员思想动态，做好消除疑虑、理顺情绪、化解矛盾、增进团结的工作。

以上这些举措，帮助党员教师在理论学习中更加深刻地理解了党的教育政策。同时，也有效提升了党员教师的思想水平和理论素养，引导党员教师时刻牢记初心和使命，为在德育过程中发挥教师的正向引领作用奠定了坚实基础。

（二）深入实践过程，培养教师责任担当能力

在加强理论修养的过程中，要坚持理论联系实际。理论的生命力在于实践，将党建落实到具体的工作实践中是推进党建工作的必然要求。在实践中锻炼人、在实践中培养人是党建的重要目的。伟大的社会实践有助于培育党员的社会责任感，使党员能够始终秉持初心，更加自觉地承担起社会责任与使命。

2020年，对外经济贸易大学附属中学在面对疫情防控这一重大社会事件时，在面对新的教育生态、新的空间、新的模式、新的管理方式时，不断地坚定信念，统筹规划。第一，学校领导、党员干部冲锋在前，班主任、教职工积极响应，学生、家长全力配合，全校上下迅速行动起来，快速进入"战时"状态。第二，党政"四同步"，超前谋划、积极调整、高效落实。带领全校强化学习，贯彻落实相关部署，本着重学习、早启动、高标准、明责任、精设计、细推敲、严落实的原则迎接新挑战。第三，制定方案制度，

设计机制流程，组织推演实战，干部教职工迎难而上，全力以赴，服从安排，主动实践。

实践活动是理论认知外化的重要途径，责任担当需要通过具体工作实践才能得以培育升华。对外经济贸易大学附属中学在这方面做了以下工作。一是以主题活动为依托，在凝聚思想共识中加大思想引领力度。如开展"使命在肩　奋斗有我"活动，通过"千封信""抗疫日记""我的抗疫故事"等环节的实施推进，促进党员教师"亮身份、亮职责、亮承诺"，提升其思想认识，引领团队进步。二是拓宽实践载体，在引领内涵发展中提升发展推动力。如借助学校"七朵云"、"131"课程体系、"三部曲"备课组答疑指导流程等为实践载体，带领党员教师精心设计"自主"课堂，系统推送"三微"（微课程、微视频、微语音）资源，形成无界网络学习大平台，提升学校教育教学质量。三是以"三全育人"为抓手，在发挥模范作用的同时提升自我规范力。如设置正、副班主任，开设家校云讲堂，形成班级管理导师制；开展志愿服务及爱心活动，形成线上线下疫情危机干预指导教育活动体系；通过对口帮扶政治活动，发挥集团优质资源辐射带动作用。

（三）规范制度建设，加强教师组织纪律性

加强纪律性，革命无不胜。在党建工作中，规范党组织的制度建设有助于加强党组织的纪律性，这也是落实全面从严治党战略布局的内在要求，是扎实开展党建工作的重要保证。

第一，完善"网格化""层级化""条块化"的组织机构，实行党政"双向进入，交叉任职"制度，以党小组为基础单元，通过带头示范发挥先进模范作用，带动整体发展；第二，明确"四个第一"的标准要求，引领党员教师"学精神，强制度，建机制，发倡议，明纪律，导行动"；第三，强化学校"三级八类培训体系"建设，为师生"供资源，拓渠道，展风采，促共育"；第四，实施"预案台账清单"管理办法，严明流程纪律，做好项目排查，层层压实责任，提升廉洁意识。

在建立制度标准以夯实党建阵地的过程中，应要求党员教师把握好

"四态"，引导党员教师带头做政治上的明白人、防控工作的内行人、教育教学的领航人、师生家长的贴心人，在共责共情共育共建中带领大家再创学校新辉煌。

三 加强党建工作，促进高中教师专业发展的可持续性

党建工作是培育和提升教师政治素养和思想道德修养的重要渠道。加强党建工作对在教育教学全过程中全面贯彻党的教育方针、保证社会主义办学方向、办好人民满意的教育具有重要意义。从以上对对外经济贸易大学附属中学的实践的分析中，我们可以发现，通过党建工作促进教师专业发展应该注重做好以下关键环节。

（一）党建工作与立德树人相结合

做好党建工作，充分发挥党建引领作用为学校发展把脉领航，与扎实推进教育教学工作、全面提高教学质量并不冲突。党建与教育教学并不是各自孤立的，而是应当相互结合的，这也是发挥党建作用促进教师专业发展的关键。一方面，学校应当在推进党建工作的过程中，注重对教师进行党的教育政策的宣传与教育，以及对教师政治思想水平提升进行引领，将党建活动与教师培训工作有机结合起来，这样既能在党建活动中培育一支教学水平优良的教师队伍，也能有效引导教师在教育教学工作中发挥党员先锋模范作用，不断提升育人成效。同时，也要注重将教师创优活动与党员先锋作用相结合、将学校教师队伍建设与党员队伍建设相结合。将党建工作与教师教育教学工作有机结合起来，能够实现学校工作效率的整体提升，同时也能够推动学校党建成果转化为育人实效，提升学校发展水平。

（二）理论教育、实践培育与制度规范相结合

多维度开展党建工作是促进教师能力全面提升的重要途径。当前，推进学校党建工作，应注重从理论、实践、制度等多个维度展开。首先，要注重

推进政治建设和思想建设，引导党员在思想和行动上坚决贯彻习近平新时代中国特色社会主义思想，以丰富的理论学习不断增强党员的"四个意识"，坚定"四个自信"，做到"两个维护"，不断提高政治站位。同时，要注重在伟大社会实践中锻炼党员、培育党员，在实践中坚定党员的初心与使命、培育党员的社会责任感和历史使命感。此外，还应在组织内部建立科学有效的机制，加强党员阵地的规范化建设，在严格的制度约束中不断提升党员干部的政治素养和党性修养。

（三）党建工作方法与党员需求相结合

当前，开展党建工作应关注新时代背景下党员干部的精神需求和思想特点。为此，推进学校党建工作需要在把握规律的基础上实现"两个创新"。一是活动方式要创新。严肃的党建工作，可以充分运用各类载体，以喜闻乐见的方式进行。如可以借助校园文化艺术活动、实践教学活动、校园环境建设、新媒体技术等调动人的感官、吸引人的眼球，在轻松活泼的氛围中实现思想理论教育。二是工作机制要创新。在党内政治生活中，要使党员的主体地位得到充分尊重、民主权利得到保障、个人能力得到提升，从而增强党员对党组织的归属感，增加党组织的向心力和凝聚力，调动党员教师在工作中的积极性和主动性，强化党员身份认同。

参考文献

郑吉春、肖韵竹主编《怎样提升学校党组织组织力》，红旗出版社，2020。

王久高：《党的基层组织的组织力及其实现》，《湖湘论坛》2021 年第 1 期。

靳诺、徐志宏、王占仁、孙熙国、石中英、万美容、张庆守：《习近平总书记关于教育的重要论述研究笔谈》，《思想理论教育导刊》2020 年第 9 期。

B.6
新时代教师的品德修炼与内涵提升研究

曾军良*

摘　要： 新时代教师要与时俱进、反思前行、创新超越、拼搏奉献，要努力转变理念、修炼品德、提升内涵、教书育人，要努力成为"有理想信念、有道德情操、有扎实知识、有仁爱之心"的现代教师，努力培养"五育并举"、全面发展的社会主义建设者和接班人。要提升新时代教师的内涵、修炼新时代教师的品德，可从转变理念、提高综合素养，修炼品格、提升教育魅力，提升内涵、滋养教师精神，创新范式、培养有魅力的教师，共同成长、培育时代新人几个方面展开。

关键词： 基础教育　教师魅力教育　关键能力　核心素养

2018年1月，中共中央国务院颁布了《关于全面深化新时代教师队伍建设改革的意见》，文件指出要"把全面加强教师队伍建设作为一项重大政治任务和根本性民生工程切实抓紧抓好"，"要培养造就数以百万计的骨干教师，数以十万计的卓越教师，数以万计的教育家型教师"。北京实验学校首创魅力教育，创新教育人才培养模式，旨在培养一批既能脚踏实地，又能仰望星空的知行合一的教师，以及既有高远的教育情怀，又有田野研究精神的新时代教师。贯彻党的精神，让党对教育的要求变成我们自觉的创新行动，对每一个孩子的成长高度负责，打造适合每一个孩子发展的最好的教

---

* 曾军良，北京实验学校党委书记、校长，中学物理特级教师、正高级教师。

育，是每一位基础教育一线教师肩负的历史责任与崇高使命。新时代，教师要与时俱进、创新超越，要努力转变理念、修炼品德、提升内涵、教书育人，要努力成为"有理想信念、有道德情操、有扎实知识、有仁爱之心"的现代教师，要拼搏奉献，积极完成立德树人根本任务，发展素质教育，努力培养德智体美劳"五育并举"、全面发展的社会主义建设者和接班人。

一　转变理念，提高综合素养

中国基础教育在知识积累和技能训练上一直稳扎稳打，但在思维发展与关键能力的培养上亟须突破。现代教育需要培育学生的思维能力，提高学生的综合素养，培养学生的创新精神，提高其实践能力，努力培养既能适应未来社会，又能改造未来社会的优秀人才。

（一）强化关键能力培养

2017 年 9 月中共中央办公厅、国务院办公厅发布的《关于深化教育体制机制改革的意见》指出要强化学生关键能力培养——培养认知能力、合作能力、创新能力、职业能力。在学校教育中，既要培养学生良好的习惯，促进学生在德智体美劳等方面全面发展，打牢知识与技能的基础，培养健全的人格，又要突出对学生关键能力的培养，培育其创新意识、激活其创新灵感、激发其创新潜能，使其具备创新智慧，提高其创新能力。学校要真正培养出时代所需的创新型人才，为民族的振兴、国家的强盛打下人才基础。

（二）提升核心素养

世界各国的教育都重视学生核心素养的培养，但每个国家的发展都有其自身的历史文化特征与时代特征，要培养既能适应中国未来社会又能改造未来社会的优秀人才，需要在人文底蕴、科学精神、学会学习、健康生活、责任担当、实践创新等核心方面开展系列创新教育，提升学生的核心素养，为每个学生的终生发展，为伟大复兴的中国梦的实现贡献教育的智慧与力量。

每一位教师要站在新时代，深刻认识到提升核心素养的价值与意义；要自觉把核心素养的提升贯彻教育的全过程；要把提升核心素养融进学科教育、融进每一堂课；要将核心素养的提升与学科教学的每一个章节、每一个教学目标结合起来。核心素养的提升不只是一种理论探索，更是一种教育行动，扎实推进提升学生核心素养工作才能真正让教育担当起为国育才的历史重任。

（三）提供优质均衡的教育

中国基础教育下的学生在知识、技能、解题能力、认真、勤奋、刻苦方面都表现突出，但在实践能力、创造性、好奇与兴趣、独立思考、合作与沟通、自尊自信等方面还存在种种问题。中国教育面临的最突出的矛盾是学生发展的不平衡与不充分的问题。办好老百姓家门口的每一所学校，为每一个孩子提供优质的教育，是每一所学校、每一位教师的历史使命。新时代，教师都要积极行动起来，要成为教育改革的主人、学校发展的主人，用自己的教育情怀与教育创造能力，去书写欣欣向荣的教育事业。

推进学区制教育改革，推动集团化办学、城乡一体化教育发展，开展精准教育扶贫，实现优秀校长、优秀教师的有序流动，这些都是实现教育优质均衡的有效途径。每一位教师要有政治责任感、国家使命感，要热情投身于这场教育改革，将个人的发展融进教育整体发展之中，在推进实现教育均衡的事业中主动有为、积极奉献。

二 修炼品格，提升教育魅力

走上三尺讲台，教书育人；走下三尺讲台，为人师表。这是现代教师的使命，也是现代教师优秀品格的必然呈现。教师品格的修炼需要一个过程，需要对教育有敬畏之情，决不能把教育干成小买卖，而要把教育当成崇高的事业去追求。教师要有教育信仰、教育情怀、教育精神，才能逐步修炼出现代教师的品格。

（一）感受美好

教育是一种心灵与心灵之间的交流，是一种精神与精神之间的启迪，是一场生命与生命之间的对话。教育让教师的情感变得细腻、生活变得充实，使教师的价值得到彰显、生命得到成长。教师要用运动、发展、变化的眼光，看到生活中进步、积极、美好的一面。教师要胸怀博大、善于包容、尽情奉献。教师要思想澄明，善于发现孩子的细微进步，善于从多维度以立体化的方式全过程激励孩子前进，要看到学生的美好。教师要认识到学生是家庭的未来、民族的未来、国家的未来，他们身上寄托着万千美好的希望。每一个学生都是家庭的力量之源，都担负着家庭的美好期待。教师要把每一个孩子当成自己的孩子去培养，把每一个孩子培养成现代化建设的优秀人才。教师要勇挑重担、不辱使命、努力前行、追求美好！

（二）坚守信念

要对教育充满信心，对学生充满信心。古罗马哲人西塞罗说："信心就是抱着足可确信的希望与信赖，奔赴伟大荣誉之路的感情。"

教师只有对学生充满信心，才会因势利导、因材施教，耐心细致地对学生进行教导。"自信人生二百年，会当水击三千里"。有信心的教师才能教出有信心的学生。信心是对教育信念的坚守，是构建成功金字塔的基石。教师要对自己充满信心、对学生充满信心、对教育事业充满信心。教师的信心来自自身专业能力的不断提高，来自对每一个学生的信任与激励，来自对教育事业的崇高追求与不懈努力。我们应拒绝自卑、拒绝自负、坚持自信，让自信成为促进师生发展的强大动力。

（三）简化生活

教育容不得轻浮暴躁、急功近利。教师要静以养心，做到"淡泊以明志，宁静以致远"。教师要耐得住寂寞，沉得下心来，沉潜于教育生活，读懂孩子的内心世界，尊重孩子成长的自然规律，让生活充满教育，让教育丰富自己的生活。教师之间要比读书、比学问、比贡献、比境界、比未来的美景，形成良好的竞争关系。要感恩生活的馈赠，感恩生活给予的物质与精神的享受，要感恩世界的给予，感恩世界给你提供生命的舞台，让你演绎生命的精彩。

三　提升内涵，滋养教师精神

要让教师的精神更加博大，激发教师自身的教育激情，再通过教师的教育激情，激发学生的精气神，让教育成为价值的"导航仪"、精神的"播种机"。新时代教师的内涵究竟是什么？如何提升教师的内涵？

（一）要有"至德"

育人先育德，立德树人、修德养性、以身作则是"有内涵的教师"必备的人格底色。修德养性，就要做到宠辱不惊，不以物喜，不以己悲，拥有平和的心态；悦纳他人，融合共生，建构良好的人际关系；"上善若水，厚德载物"，拥有至真、至善、至美、至爱的博大情怀。教师要常修为教之德、常思自私之害、常怀律己之心，把"人"字写正，把"我"字看小，把"干"字放大，只有师德品位高，才能真正实现教书育人。

（二）要有"卓识"

识，为知识、学识、见识。知识是认识，是经验，是做好教育的前提；学识是学术，是修养，是育人的基石；见识是思想，是智慧，是创新教育的法宝。作为教师，知识要广博，要能满足促进学生全面发展的需求；学识要专业，包括专业知识、专业思想、专业技术、专业眼光等；见识要独到，既要有专业的思维，又要有独特的智慧，看得远、想得深，不人云亦云，不随波逐流。这就要求我们要多读书，乐读书，读好书。

教师要具有全面性、专业性、通识性的知识结构。许多学者认为，引领21世纪科技发展的是生命科学、认知科学、信息科学、材料科学。通识性的知识结构还有利于教师的自我文化修养。新时代教师要注重自我发展、终身学习，以成为建设学习型社会的典范。

（三）要有"全心"

心，为爱心、责任心、恒心、平常心。对学生有爱心，"幼吾幼以及人之幼"，用海纳百川的宽容之心去包容莘莘学子；对工作有责任心，对教育事业有坚守与担当，对每一个孩子都予以高度关注；对教育过程、教育科研有恒心，行百里者半九十，不在成功的边缘功亏一篑。对一个教师的成长来说，坚韧不拔的意志力尤为重要。凡事要有平常心，淡泊名利，既要有木秀于林的万丈豪情，又要有甘于沉潜的从容淡定。

每个学生都是家庭未来的希望。每个孩子都是一座拥有巨大潜能的宝库。每一堂课都是创造惊喜和收获幸福的殿堂。用心去爱每一个学生，用责任心去关注每一个孩子的成长，用恒心去发现教育的规律，用平常心看淡个人的得失，让每个学生都能从周围的人和身边的事中寻求真、感受善、发现美！

（四）要有"阅读"

教师提升内涵的一个重要途径是阅读。阅读的广度，影响你生活的内涵；阅读的深度，决定你思想的高低。积极倡议现代教师走进阅读的世界，让阅读丰富自身的学识。

北京实验学校启动全员读书工程，每一位教师都参与行动，争做新时代文明教师。每年学校给每一位教师购置 10 本书，开展读书交流系列活动。学校工会、各学部都极力支持教师读书，成立了多个教师读书社团，各社团的活动定期有效开展。从"读我喜爱的书"开始，激发教师阅读兴趣，营造阅读氛围，然后进入"读有营养的书"阶段，逐渐形成阅读习惯，最后"读有思想的书"，提升自我，惠及后代。我们还建议成年人"为孩子而读书"，"和孩子共读一本书"。我们的调查结果显示孩子不爱读书主要是因为家长不读书。所以我们认为成年人读书就是在做教育，我们不仅要全民读书，还要世代读书！

爱读书还要会读书。读书是一个缓慢的过程，切忌急功近利。读书是一场没有终点的旅行，需要终身学习；读书是一个伟大的公益事业，切忌得失算计；读书是一笔无形的财富积蓄的过程，零存整取。我们的愿望是让读书成为教师永久的时尚，让读书成为未来教育的希望。

（五）要有"精神"

教师的精神需求是多方面、多层次的。针对当前教师精神需求的特点和激励中存在的问题，学校管理者对此进行合理调整，充分激起教师的工作积极性。真正赋予教师生命意义的是教师的精神状态，教师要努力践行"忠诚教育、关爱学生、教书育人、为人师表、严谨治学"的教育价值观。教师要有终身从教的献身精神、认真执教的敬业精神、爱生如子的园丁精神、不甘落后的拼搏精神、不计得失的奉献精神、互助合作的团队精神、与时俱进的创新精神、躬身垂范的表率精神、刻苦钻研的勤奋精神、勇挑重担的实干精神。教师不仅是一种职业，更是一种精神存在。只有教师的精神得到振奋，学生的精神才能得到成长。

四 创新范式，培养有魅力的教师

新时代教师队伍建设是促进学校和学生发展的关键因素，有魅力的教师是学校内涵发展的主要奠基者。北京实验学校通过倡导"六种精神"来锻造一支师德高尚、业务过硬的团队，这个团队拥有终身从教的敬业精神、爱生如子的园丁精神、锐意进取的创新精神、遵纪守法的自律精神、顾全大局的合作精神和不计得失的奉献精神。

北京实验学校十分注重人才队伍建设，促进教师发展。学校以人力资源部为中心，以课程科研处和学法中心为两翼，借助四个工作室的辅助，开展人才培训工作，使教师专业培训走向了自主选择、主动发展、特色发展之路。

（一）战略规划保障

北京实验学校先后制定并印发了《学校十一大发展战略书》《学校十五大发展战略书》。其中，人才强校战略明确学校肩负着培养高水平人才队伍的重任。学校开展了教师培训选修系列活动。每学年初调研教师的培训需求，开展教师培训活动。教师培训从由行政规定教师参与变为个人自主选择参加，教师的培训从被动走向主动。教师缺什么就选择补什么，这样的培训增强了针对性，减少了盲目性，提升了培训的效果。

（二）创新培训范式

北京实验学校成立特级教师工作室、班主任工作室、青年教师工作室、教科研工作室。工作室成为培养教师的发动机，分层次、有针对性地培养教师，以促进班主任教师、中青年教师的快速成长。特级教师工作室主要培养高级教师，班主任工作室培养德育骨干，青年教师工作室培养青年教师，教科研工作室全员进行全面、全过程科研，所有教师都参与校本课题或区市级以上课题研究，学校还专门成立了"青年教师专业发展评价研究"课题组，始终将课题研究立足于课堂教学，把科研活动与常规教学有机结合起来。通过认真探索、集体思考、大量实验、创新实践，关注教师的专业发展，促进学校育人质量的全面提升。培训方式多样，包括开展校本选修课、研讨活动、竞赛活动、师徒结对活动、读书交流会、心理调节拓展活动等，教师参与度和积极性都较高。各学部、教研组、年级组的一项重要工作就是推动教师的专业成长，抓好教师的培训活动。每年的寒暑假都要精心设计全员六天的培训课程；推行全员导师制，每个领导与教师都要承担导师任务，导师负责开展"五个一"工作，即每天与孩子见一次面，每周简短交流一次，每两周发送一条激励短信，每一个月开一次集体会议，每一个月进行一次深度对话与交流。

学校着力进行青年英才培养实验研究，以打造学校未来的高端人才，提升未来学校人才竞争力。主要办法有两点。一是实施"青蓝工程"，按照严入口、小规模、重特色、高水平的原则，每年选拔一批有发展潜力的优秀青年教师进行专门培养。二是遵循育才多元化的培养原则，大胆起用青年英才担任负责人，促进青年英才快速、健康成长。三是通过外出深造、岗位轮换、在职辅导、专项培训等多种形式，不断提高青年英才的综合素质。

（三）引进高端人才

有好教师才有好的教育，有名师引领才能更好促进教师队伍的发展。近十年来，北京实验学校共引进特级教师23人，引进市、区级骨干教师100余人，引进博士、硕士生100余人。为学校落实育人方式变革奠定了人才基础。与此同时，学校重视教师梯队的培训，实现了教师队伍的梯队化发展。学校被评定为"中国好老师公益行动计划基地校""北京市中小学教师校本培训示范学校"。

（四）研发学法课程

审视当下的教育研究，我们会发现更多的研究指向老师应该如何教，而很少有人从专业的角度研究学生应该如何学，因此，使学法研究走向专业化显得尤为重要，学法指导实验研究也正是基于此而提出的。此项研究以开设的学法指导课作为实验研究的载体，依据学生实际情况，量体裁衣，探讨最适合学生发展的学习方法。当前海淀区的学校设立了该门课程。该课程内容以《高效学习方略》为基础教程，从情感教育、励志、脑科学、认知论及学习方法等角度，系统讲授在学习过程中应该如何调整心态、增强自信、养成良好的学习习惯、掌握正确的学习方法，以及如何科学有效地提高学习成绩、培养学生终身学习的能力。这对科学有效提高学生综合素质具有重要指导作用。《高效学习方略》已由人民出版社出版，并被获得全国教育科研成果特等奖。

（五）统编国家教材

为了维护西部地区的稳定和平发展，努力为国家大局稳定做出贡献，学校组织教师团队，在研究中工作，在工作中创新，凝聚智慧，研发教材。学校 38 位教师参与编写了《新疆、西藏内地高中预科班国家教材》，现已经有 25 本国家教材由人民教育出版社出版，其中罗霞、周清华、王冬梅、廖向群、燕飞 5 位教师担任教材主编。本套国家教材的编写，既解决了新疆、西藏内地高中预科班没有教材的问题，也为民族稳定工作提供了强有力的教育保障，还充分展示出新时代教师的敬业和充满探索的精神。

五　共同成长，培育时代新人

教师要多陪伴学生，多和学生一起生活，一起活动，一起学习，在相处中相遇、相识、相知、相依、相靠，实现共同成长。教师要善于欣赏学生，多包容、激励学生。新时代教师要高举立德树人的大旗，推进全员育人、全程育人、全科育人、全活动育人。教师要把育人工作细化到学校教育教学工作的每一个环节、每一个细节上，对每一个学生倾注师爱、尽职尽责、耐心引导，努力把每一个孩子培育成时代新人。时代新人就是社会主义的合格建设者与可靠接班人，是身心健康、诚实守信、积极进取、自律自强的人。

（一）身心健康之人

健康不仅是没有疾病，还是精神方面和社会适应方面的完美状态。社会发展以人为本，人的发展以健康为中心。健康不一定代表一切，但是没有健康肯定就没有一切。

锻炼身体、保持运动。每一位教师都要高度重视体育教育，要努力提升体育教育的魅力，培育学生体育锻炼的习惯，丰富体育课程内容，培养学生终身锻炼的习惯。要确保在校学生每天锻炼一小时以上，要积极践行"每天锻炼一小时，心情舒畅一整天，积极带动身边人，健康工作五十年，幸福生活一辈子"的新理念，让运动带来生命的活力，促进生命健康发展。

科学膳食、均衡营养。学校食堂要依据青少年成长所需要的营养，科学选择早中晚食材，引导学生饮食要注重各种营养的均衡，膳食要讲究科学。

心理健康、豁达乐观。学校要高度重视学生的心理健康教育，培养学生积极乐观向上的人生态度。创建心理咨询室，为每一个孩子配备成长导师，为每一个孩子的成长释疑解难，引导学生用积极的态度对待生活，善于把控情绪。多鼓励学生与同学、老师相处，培养学生的幽默感，幽默感是心理健康的高级表现，是良好的人际关系和和谐生活的润滑剂。要使学生保持快乐生活的习惯，教导学生在生活上要知足常乐，与人交往要助人为乐，享受人生要自得其乐。

（二）诚实守信之人

中华民族是诚实守信的民族。"一言既出，驷马难追"，"言必信，行必果"，形象地表达了中华民族诚实守信的品质。在中国几千年的文明发展史中，人们不但为诚实守信的美德大唱颂歌，而且努力地身体力行。一个人要想立足于社会，干出一番事业，就必须具有诚实守信的品德，诚实守信是一种社会公德，是社会对公民的基本要求。学校要创造性地开展有关诚实守信的教育，围绕诚实守信开展专题讲座、主题班会、魅力论坛、诚信板报、诚信之星等系列活动，创建诚信文化，让诚信成为一种优秀品质，成为孩子做人的基础，为孩子一生的发展打牢根基。

（三）积极进取之人

个人"愿景"是指个人想要达到什么样的成就，个人想要过什么样的生活。要培育志趣爱好、激发理想追求、激活成长动力，自我约束、自觉成长。要将自己的梦想融进实现中华民族伟大复兴的中国梦之中。

（四）自律自强之人

青春是美丽的，有了自律，青春之花才会盛开。自律是对青春之花的精心呵护，自强是青春之花盛开的力量。要开出人生最美的花朵，就要自律、自尊、自强。人生的最高境界就是自律，自律是比法律、纪律更高的要求。

做到自律才会有人格魅力，到最后才会成功。今天的学校，应该怎样提供最好的教育，如何推动孩子更好地成长，怎样使我们的教育改革成功，是值得每一位教育工作者深思的问题。加强自律、自强教育，在创新教育中养成自律自强的习惯，培育自律自强的品质，让优秀的品质成就优秀的人生。

（五）创新创造之人

创新是时代强音，是进步的源泉，也是提高竞争力的法宝，是保障可持续发展的战略基点。创新是指能迅速、灵活、正确地理解并解决所面临的问题，从而改进原有事物，或创造新的事物。创新的智慧主要在深入学习中获得。知识是创新中最活跃的因素，也是最本质的东西。只有学识渊博，遇事才能"眼观六路、耳听八方"，才能在关键时刻产生灵感，迸发出独到的想法。

要创新，必须要认真学习科学理论，不断拓宽知识领域，优化知识结构。学习须"思要义"，不仅要知其然更要知其所以然；要"思变化"，以生动的实践增强理论的说服力；要"思运用"，把学习过程变为解放思想、形成创新意识的过程。唯有如此，教师的创新智慧才能激发出学生的创新智慧。课改的新形势，变化的广泛性、深刻性，决定了教师创新的紧迫性和艰巨性，所以我们更要注重边实践边总结，进一步增强创新智慧，为新时代创新型人才的培养打好基础。

新时代的教师应是创新创造之人；应是胸怀理想、履行使命、充满激情和诗意的教师；应是自信、自强，不断挑战自我、超越自我的教师；应是理念先进、师德高尚、教学方法科学、成果丰硕的教师；应是善于合作、注重分享，具有人格魅力的教师；应是特别充满爱心、关注个体，受学生尊重的教师；应是追求卓越、富有创新精神的教师；应是勤于学习，不断充实自我的教师；应是具有反思与研究精神，不断发现教育规律的教师。

结　语

康德有句名言，"有两样东西，我们越是持久和深沉地思考着，就越有新奇和强烈的赞叹与敬畏充溢我们的心灵，这就是我们头顶的星空和我们内心的道德律"。教育无定法，但需要好方法，教育无捷径，但需要有定律。有好教师，才有好的教育，有卓越的教师，才能提供卓越的教育。新时代的教师一定要修炼品德、提升内涵，扛起新时代的责任与使命，努力探索理想的教育，让每一个孩子享受公平、高质量的教育。教育是培养人才的基石，实现强国梦，关键在人才，根基在教育。只有教育率先"领跑"，中国才能赢得未来。

参考文献

《中共中央国务院关于全面深化新时代教师队伍建设改革的意见》，2018 年 1 月。

《关于深化教育体制机制改革的若干意见》，2017 年 9 月。

曾军良：《曾军良与魅力教育》，北京师范大学出版社，2018。

B.7
基于教师专业发展的实践路径探索

——以成都石室中学为例

赵清芳　胡　林　蒋宇瑛*

摘　要：　随着教育环境的变化，传统的教师培养模式再也无法满足时代要求，显现出诸多弊端。成都石室中学通过调查发现，学校现有的教师培养制度存在个性化不足、实践性不足、评价体系不健全等问题。面对挑战，学校积极反思并结合实际情况，从问题调研、菜单制定、项目落地、考核评价等四个环节对教师的专业发展路径进行探索和改革，并取得了一系列成就。未来，石室中学将更加积极地探索教师专业发展的途径，注重校本教研，大力加强科研工作，将"他主发展"与"自主发展"有效结合，为教师创设更多、更高的发展平台。

关键词：　教师专业发展　需求调研　评价制度

习近平总书记强调教师是教育工作的中坚力量，有高质量的教师，才会有高质量的教育。简短的两句话高度体现了高质量、高素质的教师队伍对中国教育发展的关键性作用，以及教师身上所承担的厚重的历史使命和国家期

* 赵清芳，四川省成都市石室中学副校长，四川省特级教师，中小学正高级教师；胡林，四川省成都市石室中学北湖校区教师发展中心副主任，成都市优秀青年教师，高级教师；蒋宇瑛，四川省成都市石室中学文庙校区教师发展中心主任，高级教师。

望。"如何培养出高质量的教师"成为新时代背景下各地各校开展教育工作绕不开的命题。成都石室中学结合国内教师队伍的整体现状和本校教师培养实际存在的问题，做出了一系列探索，形成了一套具有成都石室中学特色的助力教师专业发展的实践路径。

一 现状与问题

（一）新时代背景下教师专业发展的现状及困境

2010 年，教育部和财政部开始全面实行"中小学教师国家级培训计划"，简称"国培计划"。该计划作为一项提高中小学教师队伍整体素质的重要举措，在教师专业发展历史上具有标志性的意义。2011 年，教育部印发了《关于大力加强中小学教师培训工作的意见》，总体部署了关于中小学教师的培训工作。2018 年 1 月《中共中央国务院关于全面深化新时代教师队伍建设改革的意见》出台，这是党中央出台的第一个面向教师队伍建设的里程碑式的文件，强调要大力振兴教师教育，提高教师专业素质能力。至此，教师培养从过去单纯注重师范教育转向了终身培养，兼顾职前教育和在职培养；从培养合格教师转向了造就高素质、专业化、创新型的新时代教师。

但是，现有的教师在职培养效果与党和国家的高要求、高标准之间还存在很大的差距。这些自上而下开展的培训，在贯彻实施的过程中难免会产生问题。如统一的教学内容、相似的培训模式、同步的培训进程很难照顾到区域差异、校际差异，个体差异则更难以兼顾；同时，还出现了教师培训的弹性不够、培训目的不明确、培训内容不成体系、教师参加积极性不高、培训效果不佳、缺乏有效评价手段等问题。

（二）石室中学教师发展的现状与弊端

石室中学坐落在美丽的天府之国——四川成都。作为一所拥有两千余年办学历史的名校，石室中学有厚重的文化底蕴、悠久的历史传统、骄人的办学成绩和优秀的教师队伍。它是四川省优质教育资源的象征，其影响力波及全国乃至世界。随着时代的变迁和教育环境的变化，学校的教师培训面临着更高的要求和更大的挑战，逐渐显现出一些弊端。

1. 缺乏对教师个性化培训需求的关注

以文庙校区为例，30 岁以下的青年教师占比 9%，主要包括教龄未满 3 年的新入职教师和教龄未满 6 年的青年教师；30 岁到 40 岁之间的教师占比 47%；40 岁以上的教师则占 44%，这部分教师教龄多数超过 15 年，绝大多数已经成长为骨干教师，其中不乏名师型教师。在一次针对学校教师培训的需求的调查中，我们发现新教师的困惑更多集中在班级管理、教学技能和课堂管理等职业能力问题上，而骨干教师、名师型教师立足于本职工作基础，更多地思考如何在科研、经验总结和经验传承等方面进行自我突破。群体间差异也很大，即便同为新教师，职业发展规划也有所不同，有的希望成长为学者型教师，有的倾向于向班主任型发展，有的目标是做好学科竞赛，有的想要尝试学校管理工作。教师培训本应成为助力教师专业成长的催化剂，然而现实中忽略了教师年龄、教龄、目标、经验背景的培训反而成为教师们的负担，打击了其参与培训的积极性。

2. 对教学实践关注不够

过往的教师培训更加关注教育教学理论的培训，注重培养教师对教育普遍性、规律性知识的掌握。这具有一定的合理性，因为几乎所有教师的专业背景都与其教授的学科紧密相关，这类培训在很大程度上弥补了教师在教育学、教育心理学上理论知识的欠缺。但这样的培训存在着一种误区。一方面，将教师角色与其胜任力画等号，认为师范生一毕业从站上讲台之日起便可从容展开教学实践，这在一定程度上否定了教师和学生的角色差异性；另一方面，将教师教学实践技能提升的过程视为简单的经验叠加的过程，忽略了系统的培训带来的能力的提升。而且，与许多学校一样，石室中学过去的培训往往以讲座的形式开展。教学作为一种需要多感官、全方位浸入式的行为，仅以语言作为教授媒介一定程度上限制了经验在实践层面的传递。单一的培训形式再也无法满足更深层次的培训需求，情境式的培训因而成为助力教学实践的一大亮点。

3. 评价体系不健全

过去在教师培训结束之时，学校常常会要求参加培训的教师对培训做总结，旨在使教师在培训中有所收获，并将培训中的收获应用于今后的教学实践。但是，这样的反馈是不完善的，总结评价不应该仅仅局限于教师层面，更应该落到培训本身上。在培训中建立健全合理的评价机制有着非常重要的意义。一方面，根据各类评价可以及时地对培训做出调整，从培训内容、培训人员、培训时间和培训方式等方面弥补原有培训的不足；另一方面，教师的专业发展本身就是个动态的过程，大到教师的整个从教生涯，小到每个学期甚至每天的学习单元，教师在每个阶段的学习需求都有所不同。培训是基于教师们动态的学习需求而展开的，而需求很大一部分在评价中才能得以彰显，因此培训体系依托评价才得以建构。

二　实践路径

（一）问题调研

培训需求分析是专业化教师培训的起点，也是教师培训工作中最为关键的一个环节。为更好地了解教师的培训需求，以便设计出符合具有不同背景的教师的学习特点和需求的培训方案，石室中学以半结构化问卷调查的方式对教师的培训需求进行调研，问卷编写遵循以下特点。

1. 个性化

针对不同教师的自身特点和发展目标设置问卷，精准分析不同背景下的教师的培训需求，提高教师培训的针对性与有效性。

针对关注生存适应性的新入职教师，调查问卷重点涉及人际关系、学科知识、教学理论等方面；针对硕士、博士等高学历教师，设计问卷以了解其科研需求，更好地促进其科研能力的提升；针对名师、优秀教师，设计问卷调查挖掘其闪光点，更好地发挥其引领作用。

个性化的问卷调查有助于明确教师面临的困惑，分析教师的优点、长处，为培训提供方向，提高培训的针对性与有效性。

2. 模块化

具有不同背景的教师在不同阶段所面临的困难具有不同的特点，考虑实际操作的可行性和实效性，根据教师的成长规律和成长需求，结合石室中学的实际情况，将调查问卷进行模块化分类，便于更好地开展相应的培训。

将问卷调查按模块分为以下几种类型。专业困惑类，如教学、班级管理、人际沟通、科研等方面的问卷调查；职业规划类，如班主任、竞赛教练、学科教学、未来管理等发展方向的倾向性调查；教育技术类，如"石室慧道"系统使用方法情况调查，信息技术辅助教育教学情况调查；交流沟通类，如与家长、学生、同事交流沟通情况调查；培训偏好调查；建议类调查；等等。

问卷调查模块化能够提高培训的精准性，使培训课程的设置更有逻辑性，便于培训课程的组织和开展。

3. 动态化

教师的问题需求并非一成不变，而是随着教学阶段的发展变化而不断变化的，因此问卷的编写也遵循教学阶段发展变化的规律，具体分为开学前、学期中、学期末三个阶段，每个阶段的问题具有不同的侧重点，以便于更好地组织培训，解决教师困惑。

石室中学根据教学阶段将问卷调查分为三部分。开学前，如本学期的培训部署建议；学期中，包括培训前收集的教师们当前的相关困惑；学期末，主要包括对下学期培训内容的期望清单、培训主讲老师的清单、培训偏好和对培训组织方的建议等几类调查。

动态化的问卷调查有助于实时了解教师的培训需求，便于开展以问题为导向的教师培训，切实解决教师当前面临的困难。

（二）菜单制定

在通过科学的方案收集了石室中学教师的需求清单之后，再通过进一步整合分析，为不同类型的教师量身定制培训菜单，确定其培训目标、培养重点和项目载体。在专项定制以外，教师也可以自由组合，选择定制菜单以外的自己感兴趣的课程，真正实现培训的菜单化管理。

1. 专项定制培训：目标清晰，重点突出，载体多样

为新教师定制的培训，主要以问题需求为导向，"问题需求"有三大来源：教师的普遍问题——源自教育教学规律；新教师的普遍问题——源自新教师特殊身份；石室中学新教师的普遍问题——源自石室中学的校情与学情。新教师的培训遵循以下几项原则：以双向成长为目标，促进受训者与授训者双向成长，在交流中发展，在共融中进步；以序列安排为保障，强调培训的连续性、一体性，按时间入格，形成序列；以教学技能、课堂管理为重点，帮助新教师尽快站稳讲台，顺利教完第一轮；以集中培训、师徒结对、跟踪听课、课堂指导为载体。

为骨干教师定制的培训包括以下几方面：以总结经验为旨归，通过培训活动提高骨干教师进行自我反思、自我总结的能力，促进骨干教师成长；将理论学习与解决问题相结合，将提升专业认知与提升教学能力相结合，重点培养骨干教师的反思能力、写作能力、科研能力；以共同研修为载体，组建跨学科骨干教师共同体，实行小课题研究、暑期北大培训、西部名校联盟等多种培训方式。

为名师定制的培训以固化名师经验、做好经验传承为目标，重点激发名师的工作活力，实现其二次成长，与新教师培训目标接轨，实现新教师与名师共同成长。名师培训形式丰富，包括担任新入职教师导师、担任骨干教师共同体导师、指导小研究或小课题等多种方式。

2. 自由选择培训：菜单丰富，选择灵活，实效保障

除了专项定制培训，石室中学还为教师提供了多种灵活的培训选择，教师可以对针对自己量身定制以外的培训项目进行选择，如在教学技能、课堂管理等方面想要精益求精的名师型教师可以申请参加新教师的沙龙活动，分享经验帮助新教师成长。可供自由选择的培训充分满足了教师的兴趣和需求，教师的参与意愿强，培训的实效性高。

（三）项目落地

石室中学设置的四大个性化培训菜单都以项目为载体，包括以下四类。

1. 新教师共同体

为了提高新教师的教学水平和能力，使其尽快融入石室中学，石室中学组建新教师共同体，以问题需求为导向，以培训模块为载体，以双向成长为目标，以序列安排为保障，开展暑期培训、"新苗杯"教学技能大赛、教师教育教学沙龙、青蓝工程结对、新教师公开课、新教师观课议课等丰富的活动。新教师培训成果显著，获得成都市教科院评比的一等奖。

2. 学科教师共同体

为全面提升石室中学高中教育教学师资整体质量，打造区域学科高地优势，2020 年，石室中学开展了"新高考背景下的学科高地建设"项目。该项目由"4＋1 模块"组成，即"未来教育家"高层战略研修课程、"高校研修"——教学教研集训、"送教进校"——定制化教学教研入校诊断、"专题研讨"——双一流拔尖人才培养专题研讨会等四大研修课程项目和科研规划。课程研修对象有针对教育管理者的战略管理研修，也有针对骨干教师和学科教师的专业能力提升的研修，还有有关培养拔尖人才和高考备考的专题研讨。四大课程板块与科研规划指导相辅相成，合力构建多维度一体化的培训体系，通过高频次、多角度、螺旋上升式的培训学习建设学科高地。

3. 科研共同体

为了深入贯彻"学术治校"的理念，石室中学组建科研共同体，开展多维多层研究。科研共同体由三支研究队伍（青年教师、名师、管理人员）、三类指导专家（科研专家、高校教授、一线教师）、一支督导队伍（教师发展中心）共同构成。科研共同体秉承共同的信念和愿景，凝聚科研力量，加强交流协作，助推课程变革，提高教学质量，助力教师成长，服务学校发展。当前学校在研科研课题包括国家级课题 4 项、省级课题 12 项、市级课题 5 项，科研工作有序推进。2021 年 1 月 23 日至 26 日，石室中学第一批次的 32 个校级课题中共有 26 个课题通过评审，通过率 81.25%。

4. 名师名校长工作室

名师名校长工作室旨在总结发挥名师经验，发挥名师的示范、辐射和指导作用，提升青年教师专业能力，为教师专业成长提供持续助力。当前石室中学共设有七个名师名校长工作室，以名师精湛的教学工作能力、先进的教育思想理念、专家型的教育研究眼光、为人师表的影响力带动教学研究，源源不断地培育名师。如赵清芳名师工作室，按照"围绕名师、凝练主题、组建团队、开展教研、提炼成果、形成特色、搭建平台、问题中心"的建设思路，以"赵清芳名师工作室是教师成长的共同体、教学改革的实验室、教学质量的促进者"为工作室宗旨，以"把工作站建设成为名师的摇篮、教学的基地、研究的平台、辐射的中心"为发展思路，以丰富多彩的教研活动为载体，积极主动开展教育教学重点问题研究。工作室目前有 13 名成员老师，分别来自成都市的 6 所学校，涵盖初高中各学段，对提升四川省语文学科教学教研水平起到了促进作用，在课题研究、示范辐射等方面更是作用显著。

（四）考核评价

《基础教育课程改革纲要（试行）》明确提出要建立促进教师能力不断提高的评价体系。《教育部关于全面提高高等教育质量的若干意见》亦指出要"探索科学评价教学能力的办法。"可见，建立科学的教师评价体系是教师教育改革的一项重要举措，也是推动教师专业发展的重要途径。石室中学坚持以评价促发展的理念，并为构建科学合理的评价体系进行了一系列的探索。

1. 评价体系制度化

石室中学制定了教师考核评价的规章制度，并随着学校发展和教师需求不断对其进行修正和完善，逐渐形成一套公开、公平、公正、科学、合理的考核评价体系。教师考核评价体系明确了评价的作用在于教师职称评审和个人评优评先，规定了评价的九个维度，并采用量化的考核方式，让考核评价做到事事有据可依。教师考核评价体系还规定了评价的流程，确保制度执行做到规范公平。科学合理的评价体系极大激发了教师教育教学热情和进取精神，促进了教师自觉提升教育教学水平。

2. 评价方式信息化

石室中学充分利用互联网优势，建立教师成长树系统，为每一位教师建立电子档案，高效采集并整合教师信息，建立教师队伍的数据库。教师成长树系统作为教师工作决策的基础支撑和重要依据，有助于提升教师工作决策的科学性、针对性和有效性。教师成长树系统为制订培训规划、督促培训工作提供依据，也为改进教师的考核评价、职称评定、评优评先工作提供了科学的方法和保障。

3. 评价维度综合化

传统的唯成绩论、唯升学率论的单一评价维度显然是失之偏颇的。学生的学习成绩以及升学率固然是反映教师专业能力和教学质量的重要参照，但仅以此为参照，则无法全面评价教师的综合素质。唯升学率论的评价维度容易导致忽略部分教师的实际贡献。因此石室中学摒弃单一的评价维度，创新建立多维度综合式评价机制。当前的教师评价维度包括师德测评、教学质量评估、教学科研、竞赛辅导、个人综合荣誉、教育教学常规、教育管理、其他评价、附加分等九个方面，每一个维度下又有若干子维度，并且详细地规定了具体的量化考核方法。这种多维度的评价可以更科学合理地反映教师的专业发展水平，并对教师的专业发展起到良好的导向作用。

结　语

持之以恒地推动教师专业发展，既事关教师个人成长也事关学校发展、教育整体改革与创新的关键性问题。学校是教师专业成长的基地，应因地制宜，创新培训模式，使新入职教师快速适应学校教学，让骨干教师得到快速发展，使名师可在最短时间内脱颖而出，获得积极有效的专业发展。教师培养随着教育改革发展而不断变化，只有不断地在实践中反思、总结、创新，才能真正高效地促进教师专业发展。未来，石室中学将更加积极地探索教师专业发展的途径，改变传统的教师培养方式，一方面，更加注重提高教师的科研能力，加强校本教研；另一方面，进一步完善各项制度，以"他主发展"带动"自主发展"，鼓励教师积极参与培训，为教师创设出更多、更高的平台，带来更多成长机会。

参考文献

申军红等：《中小学新任教师培训指南》，教育科学出版社，2018。
赵清芳：《人工智能时代，我们如何做教师》，《教育科学论坛》2018 年第 31 期。

B.8
紧随基础教育改革步伐，
创新县域高中智慧型教师发展模式

刘凯博　朱　建　金志忠*

摘　要：　近年来，城镇化进程不断加速，全国普遍存在"县中塌陷"现象。但安宁中学精准定位、直面问题、逆势而上、层层突破，成为一所办学特色鲜明、内涵丰富的高品质县域高中。安宁中学以先进的育人理念领航教师价值观，为学生健康成长服务，为教师专业能力提升助力，为学校持续发展筑路，培育杰出人才。同时凭借多元课程助力教师多元化发展，以教研活动提升教师专业素养，锻造了一支师德高尚、爱岗奉献、业务精良的智慧型教师队伍。安宁中学在未来将继续积极开发校外资源，开创多元丰富的课程体系；努力建设学科高地，构建大、中学教师研训体系；借助"双新"的实施，培养教科研骨干团队；科学指导学生发展，构建生涯规划教育实施体系；健全"学校—家庭—社会"协同育人机制。

关键词：　教育改革　县域高中　智慧型教师

---

*　刘凯博，云南省安宁中学教育集团教学管理中心主任，中学高级教师；朱建，云南省安宁中学教育集团副校长，中学高级教师；金志忠，云南省安宁中学教育集团教学管理中心主任，中学一级教师。

近年来，伴随着不断加快的城镇化进程，不少地方的县域高中受制于当地经济发展水平而面临优秀教师和生源流失的状况，教育质量不断下滑，甚至出现了让人忧心的"县中塌陷"现象。但是，安宁市委、市政府高度重视普通高中教育，坚持巩固提升，鼓励高中阶段学校多样化发展，安宁中学"办学历史短，发展速度快，特色亮点多，规模扩张快"，取得了不菲的办学成就。

安宁中学组建于2005年（前身为昆明钢铁集团公司1982年举办的昆钢四中），建校仅用九年时间便实现了从一级三等向一级一等完全中学的跨越（一级一等完全中学是云南省教育行政部门评审认定并授牌的最高等级的中学），比肩省内众多的百年名校，跻身云南省先进学校行列，先后获得"全国教育先进集体""普通高中新课程新教材实施国家级示范校"等荣誉称号。

安宁中学现有教师500多名，其中有正高级教师4人，云南省名校长1名，云南省学科带头人1名、骨干教师2名，安宁市级以上学科带头人、骨干教师36人，覆盖各个学科；拥有昆明市"何明名校长基地"、春城计划"罗晓玲名师工作室"、安宁市"朱建名师工作室"等九个名师工作室。

安宁中学秉持开放的办学理念，坚持引进来、走出去，以文化支撑学校的内涵发展，推动学校实现从制度型发展向文化型发展的转型，走"文化立校、科研兴校、开放强校、人本治校"的特色学校建设之路，现具有丰富的值得推广、借鉴的办学经验。2020年安宁中学何明校长提出"创造促进每一位学生发展的教育，践行'教会—学会—会学—乐学'的育人理念"。

一 育人理念领航教师价值观

价值观是文化中最深层的一部分，它支配着人们的信念、态度和行动，是文化中相对稳定的部分。教师价值观是教师行为中蕴含着的深层次的价值观念、思维方式、审美情趣、道德风尚，体现的是教师整体精神面貌和职业态度。研究表明，教师价值观影响教师的成长与发展，影响教育效果，从而影响学校发展。因此，教师价值观的引导和培育对于学校发展至关重要。经过15年探索，安宁中学以育人理念引领教师价值观念的做法取得显著效果。学校风清气正，教师爱岗敬业、工作成就感高、归属感强。学校从建校初期即提出"二次创业"，教师们都把曾经的辉煌业绩归零，凝心聚力，"创业"起航，在实践中逐渐构筑起富有安宁中学特色的学校文化价值体系。该文化体系确立了"为学生健康成长服务，为教师专业提升助力，为学校持续发展筑路，育未来社会杰出人才"的育人理念，树立了"至真致远"的校训精神。

（一）为学生健康成长服务

教师以"为学生健康成长服务"的育人理念为指导，开展教育教学活动。学校根据不同学生群体的情况及需求，由教学管理中心、学生发展中心牵头，联合教研组、备课组、学生会等部门建立差异化教育机制，为不同学生提供有针对性的优质教育，用爱建立融洽的师生关系，让每一位学生都得到符合其自身条件的最优化的发展。为了更好地为学生服务，学校采取上班会课，举办社团活动、座谈会、家长会，设立校园开放日，组建家长微信群，投放服务意见箱等多种方式，了解学生、家长对学校教育教学的满意度，及时改进、创新工作。

面对学生，安宁中学人人都是德育工作者，安宁中学建立由领导、教师、学生共同组成的纵向连接的德育工作体系。安宁中学德育工作已经形成"主题化教育、系列化实施、精细化组织、常态化研讨、课程化深入"的特色。学校每月设定一个主题，帮助学生树立远大理想。开设生涯规划课程，激发学生为理想不懈奋斗的动力。

在"为学生健康成长服务"的育人理念的引领下，让"珍惜来到我们身边的每一位学生"的教师观和"让每一位学生都得到符合其自身条件的最优化发展"的学生观深入每位教师的心中，使其成为安宁中学教师的价值追求。

（二）为教师专业提升助力

学校以"为教师专业提升助力"的理念为指导，坚持建设智慧型教师队伍，让教师拥有成就感和归属感。安宁中学坚持"德才兼备、以德为先"的人才观，重视对教师的教育与培养，制定了《师资培训教育条例》《教育教学科研工作管理规定》等制度。同时为帮助青年教师与实习教师快速成长，学校为他们配备学科教学及班级管理指导老师，制定了《师资培训指导职责》，为学校人才培养及人才储备提供有力保障。为全面提升教师专业能力，安宁中学依据《年度培训计划表》，结合全体教师所属序列等情况，对培训对象、培训目标、培训形式、培训内容等进行分类策划。依照培训计划，学校针对不同层级、岗位的教职员工采取"请进来"与"走出去"相结合的培训模式，采用讲课、现场操作、网络学习、自学进修、外出参观等不同的培训形式，努力造就了一支敬业奉献、业务精良、爱生如子、追求卓越、注重实效的教师队伍。

价值观作为稳定的心理倾向，是个体进行价值判断和选择行为模式的标准，对个体的行为有着重要影响。教师工作价值观是教师对工作的评价标准，教师会对自己认为有价值的工作投入得更多，付出更多的精力并表现出更积极的态度，进而取得较高的工作绩效。相关研究表明，教师工作价值观与工作绩效存在显著相关性，借助教师工作价值观能在一定程度上预测教师工作绩效。

在"为教师专业提升助力"的理念的引领下，每位教师秉承"超越自我、矢志创业、勤业善教、敬业精业"的工作价值观教书育人，教师队伍专业水平和能力都有大幅提升，这支队伍在各级各类竞赛中均成绩斐然，工作绩效显著，推动了学校高质量发展。

（三）为学校持续发展筑路

教师以"为学校持续发展筑路"的理念为指导，把自己的职业理想融入学校的发展规划，以坚持不懈的努力成就学生、成就学校。从建校至今，以五年为一个规划周期，学校先后精心制定了三个"五年规划"，并向着规划所确立的目标不断前行。从校本部到领办嵩华校区，再到安宁中学太平学校建成开校，安宁中学现已实现"一校多址、多区办学、主辅结合"的新型办学格局，覆盖高中、初中、小学三个学段，在集团化办学、一体化发展的战略中迈出坚实的步伐。

随着办学实践的深入，学校不断推进德育文化、课程文化、环境文化、学生文化和制度文化的建设，逐步培育"文化立校、科研兴校、开放强校、人本治校"的办学特色，推动学校实现"建设区域名校""跻身全省先进学校行列""办精品大学校、优质大教育"的高位发展。

在"为学校持续发展筑路"的理念引领下，安宁中学"办人民满意教育"，力争成为一所满足师生成长需要、关注教师发展、给予学生美好生活的学校，成为一所特色项目众多、办学特色鲜明、依靠特色主导发展的学校，成为一所让学生乐学善学、健康成长，师生认同感高、归属感强的"精神家园"。

（四）育未来社会杰出人才

教师以"育未来社会杰出人才"的育人理念为指导，以"提高学生的核心素养"为重点，为祖国培养合格的建设者和接班人。从学生个体发展维度来看，核心素养对于学生个体的成长发展具有根基性和支撑性的作用，"它是学生发展之根基，可以生成；它是学生发展的支柱，支撑着学生未来发展"。提高学生的核心素养有利于提高学生自身的竞争力以使学生更好地适应社会。安宁中学把提高学生的核心素养与学校课程、教学、评价结合起来，课程、教学与评价三者均围绕提高学生的核心素养进行整体设计，建立基于提升学生核心素养的教师培训机制，同时注重提升教师核心素养，以学生为中心展开教学，推进素质教育。

安宁中学围绕"立德树人"的根本任务，大力培育和践行社会主义核心价值观，实现德、智、体、美、劳五育融合，完善全员育人、全科育人、全程育人、全方位育人的工作机制。为让对电子技术、手工制作、3D 技术等感兴趣的学生得到更好的科技创新教育，学校成立了校级社团"创客社"，招收高中学段学生，由专职教师担任指导教师。"创客社"成立至今，为学校的科技教育工作搭建了平台，并多次参加科技创新大赛，获得骄人成绩。如"南极城"参赛小队在全国第一届创客大赛决赛中获得全国一等奖，并荣获"院士特别奖"。

在"育未来社会杰出人才"的育人理念引领下，学校围绕战略目标，坚持"至真致远"的价值观，在文化、战略、教学质量、教学规模等方面都取得了良好的成果，担负起教育强国的社会责任。

育人理念引领教师价值观念，以教育价值观为核心的文化观念为学校发展提供了内生动力，帮助教师成长，助力学生成才，提升学校的核心竞争力，是安宁中学全体人员高度统一的价值追求。

二 课程、教研共促教师发展

（一）多元课程促进教师多元化发展

安宁中学经历了"探索有效教学""打造高效的课堂""追求卓越课堂"三个深化课堂教学改革阶段，均取得了一定的阶段性成果，完成了从"育分"到"育能"再到"育人"的教育理念的转型，每个阶段都是教师提升专业能力的重要契机。

有效课堂是为了解决学校建校初期各校教师的重组融合问题而提出设立的。在这个阶段，重点要求所有一线教师站稳课堂，把提升课堂的效率落到实处。通过备课组活动统一全组教师的课堂目标、进度、内容，厘清每节课的任务目标，确定可执行的教法、学法，此备课组活动将组内的教师真正融合在一起，保证了安宁中学建校初期的课堂效果，为安宁中学后续发展奠定了基础。通过实施"通案＋个案"的"二次备课"，采用"常规＋主题"的校本研修模式，安宁中学真正规范了备课活动流程，让教师形成了统一的课堂认识与观念，培养了一批基本功扎实、课堂有效的骨干教师。

而后，安宁中学提出构建高效课堂。从"有效"到"高效"不仅仅是一个字的改变，而是教育追求的提高。打造高效课堂不是单纯实现课堂目标，而是更加注重课堂方式和方法。在高效课堂阶段，安宁中学鼓励教师走出去、多学习，也在全国范围内邀请知名专家入校开展讲座，在不断地学习与探索中，一支有专业素养、有创新精神的教师队伍诞生了。结合安宁中学实际，教师提出了多样的课堂教学、教研管理模式，如"一案四环节"课堂模式、"小组合作"学习模式、"三定""五备""四统一"的教研管理规范等。在新模式提出的过程中，学校开放、包容的态度，让好方法、好措施得以施行，逐步形成了一支勤于思考、勇于创新、乐于奉献的教师团队。

经过长时间高效课堂的打磨，教师更具有创新、创造意识，思想变得多元化，卓越课堂的提出也就顺理成章了。卓越课堂是全方位杰出的课堂，包括课堂形式的卓越、课堂内容的卓越、课堂师生关系的卓越。安宁中学力求通过卓越课堂实现师生共同进步、共同成长。在本阶段，"一切为了每一位学生发展"的核心理念在安宁中学全体教师心中扎根，学校从本质上转变教师教学方式和学生学习方式，建立师生学习共同体，最大程度优化教学环境、教学内容、教学程序和教学方法，形成最优化的课堂形态，全面提高课堂教学效率和育人质量。在卓越课堂阶段，安宁中学教师学习"微课""慕课""翻转课堂"等教学模式，将走班模式应用到本校，如选课走班、分层走班、分科走班。选课走班让教师的能力充分得以发挥，教师将自己的特长和知识储备最大化地应用到了选课走班中，开出了深受学生欢迎的选课走班课程，比如语文教师开设的"孙老师带你读情诗"，物理教师开设的"在物理学史中认识物理学家"，美术教师开设的"扎染"等。分层走班根据学生需求开设科目，学生学情决定学习层次，真正实现了因材施教。分科走班目前正在探索阶段，安宁中学希望通过分科走班实现由学生意向决定学生所选学科类别，由学考方案决定走班科目，教师们又迎来了更大的挑战。

（二）教研活动提升教师专业素养

教研活动是安宁中学提升教师能力与素养的主阵地，学校层面、教研组层面、年级层面都会开展形式多样的教研活动，不同形式的教研活动提升教师不同的能力素养。现选取安宁中学部分教研活动介绍如下。

1. 通过开展"说议听评课"教研活动，打磨不同课型，形成统一课程观

安宁中学"说议听评课"活动分课型进行打磨，高一重点打磨新授课和习题课，高二重点打磨新授课或试卷（习题）讲评课，高三重点打磨试卷讲评或复习课。通过"说议听评课"活动，安宁中学教师形成了对不同课型的统一认识，比如我们认为复习课应该是让无章变得有序，让重组、整合优于重复、压缩；习题课应该方法归纳优于方法演绎，习在先学在后；试卷讲评课纠是评之魂，查缺补漏的功效超越分数的价值。通过这样有针对性的"说议听评课"活动，安宁中学课堂的发展不断提升至新境界。

2. 通过教研活动做好精细、精准的"三情"分析

安宁中学成立初期，分析教育教学质量偏于主观化，对学生的评价、备考不科学。在安宁中学发展的过程中，年级组一大任务就是培养教师科学分析与备考的能力，提出"三情"分析，"三情"即考情、学情、教情。通过考情呈现的分数，寻找问题并分析原因；通过学情了解学生的情感态度、知识架构、学习方法；通过教情掌握教师团队的敬业精神、钻研态度、教法等。通过此教研活动，让教师清楚不能仅仅关注平均分，不同学生群体的侧重点是不一样的，让教师更加明白精细、精准的"三情"分析对有效施教和科学备考的意义。如今，安宁中学"三情"分析已非常系统、完善，教师多维思考、分析问题能力得到提升，提出了更为新颖的"三情"分析点，如贡献率、双上线率等。

3. 开展不同学段的"贯通式联合教研"活动

安宁中学是覆盖小学、初中、高中的完全中学，教研资源丰富，为了让不同学段教师相互了解各自所处学段学科知识结构和体系，站在更高的角度实施教学，安宁中学通过举办"贯通式联合教研"活动，将不同学段教师联

合起来进行研讨。通过"贯通式联合教研"活动教师之间不仅增进了情感，而且互补了知识体系、加强了试题研究。比如化学组的"贯通式联合教研"活动解决了初中化学部分知识讲解的深度和广度问题，更好地为学生升入高中服务；英语组通过"贯通式联合教研"活动明确了高一时期过渡衔接的重点，初中教师更加清楚学生应重点培养的能力等。各学科组通过"贯通式联合教研"活动取得的成果不胜枚举，很多教师表示"贯通式联合教研"活动起到了承上启下、拓展延伸的作用，让教师的学科功底更加扎实，使学科方向更加明确。

三　学校后续发展思考

（一）积极开发校外资源，开创多元丰富的课程体系

安宁中学以安宁市城市规划展览馆和安宁市科技馆等为载体，开发校外课程资源，开设符合校情的、丰富的课程，建设高质量、高品位的课程体系，实现课程育人、实践育人。同时，打造具有安宁中学特色、气派、风格、基因的学科体系、课程体系和育人体系，实现德、智、体、美、劳五育融合并举。

（二）努力建设学科高地，构建大中学教师研训体系

安宁中学以语文、数学学科为切入点，以点带面，整体提高学科实力。通过与高校联合建立大中学校研训共同体，以"请进来"和"走出去"相结合的方式，借助举办论坛、讨论课例、研究课题、举办培训等方式不断提升教师综合能力，实现学校高位发展。

（三）借力"双新"的实施，培养教科研骨干团队

安宁中学以获评"普通高中新课程新教材实施国家级示范校"为契

机，培养具有高尚师德师风的青年教师，使之树立正确的人生观、世界观、价值观和育人观，具有崇高的使命感和责任感，做到为人师表，率先垂范。培养具有扎实学识、合作共进意识，能够适应时代发展需求的青年教师。构建结构优良的教师教科研体系，培养立足安宁、辐射昆明的专家型教师。培养能够立足新课程新教材，将信息技术与教育教学融合创新的青年教师。搭建平台，打造能够科学指导学生生涯规划、富有教育智慧的德育管理团队。

（四）科学指导学生发展，构建生涯规划教育实施体系

遵循"发现自我、唤醒潜能、科学规划、助力成长"理念，以主题单元设计为原理，由学生发展中心领导，以班主任为核心，在心理学教师指导下，采用双导师制对学生进行科学精准指导，发挥教师的导向作用，激发学生的自我探索和自我剖析潜能，保障学生健康发展，助力学生优质发展。

（五）丰富"学校—家庭—社会"协同育人机制

安宁中学将"珍惜来到身边的每一位学生，促进学生全面发展，培根、铸魂、启智、润心"的教育理念贯穿始终，面向整体，助力学生发展，并点对点精准帮扶孩子成长。学校、家庭和社会一起努力促进学生发展，坚持对学生进行家国情怀教育、党史教育，使之能够立足时代、面向未来，建设新时代。

学校的发展需要校领导的谋划，也需要一线教师的智慧，今后安宁中学将围绕学校最新理念"创造促进每一位学生发展的教育"，以获评"普通高中新课程新教材实施国家级示范校"为契机，助推学校更好地融入教育教学改革，全面提升教师队伍专业素养，培养与时俱进的优秀教师，开创教育教学质量和教学特色并举的局面！

参考文献

黄正平：《当代教师核心价值观与教师职业道德》，《思想理论教育》2013 年第 10 期，第 8 页。

司继伟、王金素、杨佃霞、于萍：《教师工作价值观、成就动机对职业倦怠的影响》，《山东师范大学学报》（人文社会科学版）2009 年第 5 期。

胥兴春、张大均：《教师工作价值观与工作绩效的关系研究》，《心理科学》2011 年第 4 期。

成尚荣：《核心素养：开启素质教育新阶段》，《中国教育报》2016 年 5 月 18 日。

吴陈兵：《核心素养研究：内涵、价值与展望》，《教师教育论坛》2016 第 12 期。

B.9

以"诚则成"校训文化为引领，改革创新推动教师专业高质量发展

——以云南省临沧市第一中学为例

高家余*

摘　要： 推动高质量的教师专业发展是新时代教师成长的必然要求。临沧市第一中学作为一所边疆民族地区的名校，通过改革创新，成为欠发达地区基础教育区域先锋。在新课程改革背景下，学校教师队伍建设存在诸多问题，如高学历教师少，国家级、省级名师少，学科名师发展不平衡，新教师较多，教师专业素养、课程执行力、专注度、教学习惯和教学思维与新时代要求有差距等，面临一系列新挑战。本报告结合学校实际，详细阐述了提高教师专业发展的一系列措施，一是校训引领，因诚破伪，在反思中成长；二是以诚正心，厚执情怀，塑造敬业、乐业、专业、勤业的教育品格；三是以诚为纲，狠抓习惯，铸就卓越奋斗的教师铁军；四是以诚建制，开拓创新，开启教师成长之门；五是促进"一流学科"建设，突破学科发展瓶颈；六是以诚求真，深耕课堂，提升执教水平；七是尽心竭诚，建设智慧校园和数字校园，推进专业发展。以上措施成效显著。为进一步深化临沧市第一中学

* 高家余，云南省临沧市第一中学校长，云南省首批中小学正高级教师，享受国务院特殊津贴专家，云南省先进工作者，优秀共产党员，云南省第一届教育督导评估专家，云南省家庭教育讲师团骨干讲师，先后在国家级期刊发表40多篇教育论文，主编的4本校本教材由云南民族出版社出版，教育专著《良心教育》由云南教育出版社出版。

教师队伍建设，学校将结合实际，建立具有新时代特征的教师专业发展机制，构建教师道德素养、价值取向、教学能力、组织管理能力和专业发展能力评价体系，遵循教师的成长规律，通过制度倒逼和自我发展，实现教师专业高质量发展。

关键词：　教师专业提升　教师队伍建设　高质量发展

构建高质量的教育体系，办高质量的教育，需要高质量的教师队伍、高质量的教师专业。临沧市第一中学创办于 1930 年，是临沧市目前唯一一所云南省一级一等高（完）中。学校跨时代的改革始于 2009 年 2 月，经过十年多的努力，先后荣获"全国教育系统先进集体""云南省校风、教风、学风示范学校""云南省课改实验基地"等国家级和省市级荣誉称号二十多项，形成"诚则成"的校训文化，成为欠发达地区基础教育的区域先锋，打造了区域教育品牌。但是，目前学校教师的专业水平与新课程改革和新高考的要求仍然有很大的差距，仍存在很多的不足和问题，需要我们不断地改革创新，迎接新的挑战，高质量地推动教师专业发展。本报告结合笔者的实践成果和遇到的问题，从以下几方面阐述高中教师专业发展面对的新挑战和应对措施。

一　新课程下教师专业存在的主要问题

（一）教师队伍基本现状及存在的主要问题

据统计，临沧市第一中学现有 92 个教学班，在校生 5000 多人。有专任教师 336 名，学历合格率 100%。其中，拥有研究生学历的 13 人，约占 3.87%；正高级教师 15 人，约占 4.46%；高级教师 178 人，约占 52.98%；一级教师

108 人，约占 32.14%；有省特级教师 14 人；云南省名师 16 人，约占 4.76%；市级名师 77 人，约占 22.92%；校级名师 74 人，约占 22.02%。

学校专任教师结构合理，学科配套，但存在以下主要问题。一是拥有研究生学历的教师少。拥有硕士研究生学历的教师 13 名，约占 3.87%。二是国家级、省级名师少，学科名师发展不平衡。国家级、省级名师共 17 名，约占 5.6%，化学、美术、体育、信息通用技术学科的省级名师为 0；美术、通用技术学科市级名师为 0；音乐、美术、体育、信息通用校级名师为 0。三是正高级教师少，约占 4.46%。高级教师学科发展不平衡，二级和一级教师所占比例大，共约占 47.02%。

（二）教师的课程执行力与高质量教育发展的"目标"有差距

教师专业素养与新课改差距大，教法改革不彻底，核心素养提升速度较慢，不重视回归课本和对知识的追根溯源，学科关键能力培养不突出。备课实用性较差，教案不实用，重备知识、备教法，轻学法指导和管理策略。课堂缺乏批判性、创造性，教师讲解过多，学生主体地位凸显不够充分。在如何实现从以知识学习为主转向以核心素养的培养为主，让知识在合作学习、探究问题、解决问题过程中得到综合运用等方面，当前教师的课程执行力与高质量教育发展的"目标"存在一定差距。

（三）教师的专注度和教学习惯与新时代要求有差距

随着网络信息化及现代科技的迅速发展，教师的注意力受到干扰，更容易分心，其专注度、约束力和自控力有所下降，教师对教育教学的专注程度有所弱化，教师的工作效率和学生的学习效率有所下降。这些问题体现了教师专注度和教学习惯与时代发展要求之间的差距。

（四）教师的教学思维方式与新课改要求有差距

部分教师的教学思维仍停留在传统教学层面，教学缺乏对学生思维能力的培养，课堂缺乏生成问题及解决问题的指导策略，灌输式、训练式、背诵式的学习方式较多，缺乏对创造力、想象力、意志力和解决问题能力的培养。进一步转变教师的教学思维方式，将学科逻辑、学习逻辑、生活逻辑统一，让课堂能够体现思维的发展过程，体现具有挑战性、批判性的思想等，是我们缩小与新课改要求之间的差距的办法。

二 新课改背景下教师专业面临的新挑战

（一）欠发达地区更好地满足人民群众的高质量教育需求的新挑战

教育工作既是对人民群众的现实关切，也是国家民族未来发展的希望所在。实现从"有学上"向"上好学"的转变，特别是像在临沧这样的欠发达地区，既要在促进教育公平、缩小发展差距方面"补短板"，阻断贫困代际传递，又要在提高教育质量、优化教育结构方面做加法，要改革创新教育模式，更好地因材施教，缩小差距，共享发展成果，为欠发达地区学生提供更加多样、更高质量的教育，更好地满足人民群众的美好需求。

（二）着眼于学生核心素养整体发展的新挑战

克服碎片化教学，课堂教学以问题为导向，创设情境，突出学科教学的整体性、思想性、逻辑性、实用性和系统性，按提高学业质量和核心素养的教学要求，精心组织，做到内容、层次、结构、任务和活动有机融合，着眼于学生核心素养整体发展。

（三）创新课堂教学方式的新挑战

面对新课程改革，创设综合学习情境，开展自主、合作、探究学习，实现从教师单一的讲解到深度开展小组合作学习、探究性学习、体验性学习的转变，实现从合理运用信息技术优化教学结构到与课堂教学深度融合，重点培养学生解决问题能力。教师面对不断创新课堂教学方式的新挑战。

三 新课改背景下教师专业高质量发展的应对策略

（一）校训引领，因诚破伪，以实去虚，在反思中成长

以"诚则成"校训文化、校长思想为引领，培养教师责任担当。临沧市第一中学直面问题，以诚相待，指劣亮拙，整改不足，形成了学校独特的问题反思文化。表彰、批评、通报、表态、承诺，问题反思、根源剖析、追踪整改、清零行动等渗透在日常的教育教学中。学校陟罚臧否均依据日常的检查督导、大数据统计分析、正反向测评，做到公开透明，不偏不倚，公正客观，令人折服。责任与担当，鞭策与鼓励，公平与公正，是最大的目标指向，公开指证远胜暗地批评，更富有深意。校长的中英文寄语，贯穿每周升旗仪式、毕业典礼、成人冠礼、主备课、读书活动、课堂教学等，滋润学生们的心灵。

（二）以诚正心，厚执情怀，塑造敬业、乐业、专业、勤业的教育品格

以诚正心，厚执情怀，用敬业、乐业、专业、勤业的教育品格感染学生，关照学生，服务学生。敬业就是端正态度，把工作做到位，秉持一颗感恩之心，用心做事，用心担责，心无旁骛，专心专注，不改初心。乐业，就是善于领略自己工作中的趣味和价值，找到职业成就感和幸福感。专业，就是把专业知识作深、做精，具有坚定正确的政治方向，拥护党的领导，掌握专业知识和技能，成为内行和能手。勤业，就是保持勤问、勤学、勤思、勤于读书、勤记笔记、勤于备课、勤于批改作业等习惯，用辛勤的汗水浇灌出成绩。

（三）以诚为纲，狠抓习惯，铸就卓越奋斗、拼搏进取的教师"铁军"

2009 年，临沧市一中从市中心搬迁到新校区，走读制变为寄宿制。面对学校管理存在的诸多困难和问题，学校从管理入手，建章立制；从抓习惯入手，打造出了独具特色的市一中校本管理模式，制定了《临沧市第一中学师生习惯规范》。一是抓提高师生的政治素养，做到拥护党的路线、方针、政策，严格遵守教育法律法规，用法律法规和制度约束自己的言行，不发表不利于团结、损坏学校声誉的言论。二是抓提高教师的职业素养。做到提前候课、不迟到、不早退。对于备课，做到备知识、备教法、备学法、备学生、备管理策略等，符合十个要求。对于上课，做到重视课本阅读，使课堂容量大、内容深，不搞花架子，保证课堂真实高效。课堂上严格管理，不纵容学生。日常工作，做到一进入办公室就进入良好的工作状态，积极参加会议和听讲座等日常活动，养成带笔记本、做好记录、专注学习的习惯等，从小事做起，在一言一行中养成良好的习惯，规范职业言行，树立良好形象，造就一支有铁的纪律、铁的意志、铁的执行力、铁的战斗力的教师"铁军"。

（四）以诚建制，开拓创新，开启教师成长之门

一是深度教研，评拙指劣，促进成长。开展系列深度校本教研、深度主备课等活动，进行深度培训、深度讲题、深度学习、深度反思等。每次培训结束，由专家命题，现场考试，参与培训的教师要撰写心得。组织开展主备课、试题讲解、学科 PK、理科实验、主题班会、读书活动等一系列竞赛活动。强兵强将练身手，教书育人显高招。

二是竭诚建制，创新管理，倒逼成长。"一年站稳讲台，两年初见成效，三年做出成绩，四年成为骨干。"学校围绕教学、科研、管理等，创新教师成长机制，实施"临沧市一中学科带头人及骨干教师培养计划"、"临沧市一中创新团队建设计划"和"结对帮扶"工程、"脱贫攻坚"工程，建

立科学有效的人才激励机制，以中青年教师和学术团队为重点，评选"首席教师""教学能手""教坛新秀""最具执行力团队""最具执行力学科中心教研室主任"等，加强岗位激励、待遇激励、荣誉激励，建立师资准入和退出机制，发挥考核评价作用，全员考核，动态管理，能者上庸者退，倒逼教师专业成长，大批"教学名师""学科领军人物"不断涌现。

三是以诚立业，专业考试，提升品质。笔者一直把专业考试作为提高教师专业水平的助推器，制定了《教师专业考试规范》，实行教师与学生同步参加月考、省高三统测等措施，每周、每学期开展教师专业测试。客观评价教师专业考试成绩，教师与学生每次同步考试的成绩，按照文理科分别进行对比排名，并做出相应的规定和不同的要求。语文、理科数学、英语、物理、化学、生物这几个学科，教师成绩要求排名在参考理科学生的前20%；文科数学、政治、历史、地理这四个学科，教师成绩要求排名在参考文科学生的前25%。教师考试成绩2次排名均低于排名要求的，学校组织补考，对补考后仍不达标的教师，学校进行诫勉谈话；再次给予补考的机会。学校将教师专业考试成绩纳入职级职称晋升评价范畴。多年来，学校一直坚持举办教师专业考试，有力地促进了教师专业知识的快速提升。

四是以诚纠偏，群策群力，以主备课促进快速成长。学科备课组严格执行《临沧市第一中学学科教研中心、备课组活动制度》《临沧市第一中学说课"十要求"》《双轨制主备课》，备课规范严谨有深度，总结上一周的工作，指出存在的问题；学习校长寄语，保障思想引领。主备人说课，教师积极发言，建言献策，以实避虚，整合意见，展示不同的教学风格，拓展青年教师的专业视野，以老带新、以研促教、以教促学，促进青年教师快速成长。

（五）首创"一流学科"建设，突破学科发展瓶颈

学校制定《临沧市第一中学一流学科建设综合评价方案（试行）》，制定考核办法和细则，制定"一流学科"A、B、C等级划分及评价标准，确定不同等级享受待遇和奖金。这是学校在云南省基础教育领域"一流学科"

建设中的新举措，成效显著。各学科教研中心争创一流、赤诚相待，青蓝相携已蔚然成风，学科发展瓶颈得到突破，学科教学水平和教学质量在全省位居前列。学校在学科竞赛、数学奥赛、科技创新、人工智能竞赛等比赛中屡获大奖。目前师生科技创新注册专利共有 17 项，获国际金奖 1 项、银奖 2 项，获国家、省级奖励 40 余项。学科教师参加国家级、省级、市级课赛，多个学科教师荣获一等奖，1 名生物学科教师荣获"全国实验教学能手"称号。学科中心教研室研发校本教材的水平不断提升，研发的"百千万工程""新教材梳理""学业质量强化""初高中衔接"等系列的校本教材教辅近百种，被全省广泛借鉴。

（六）以诚求真，深耕课堂，提升执教水平

学校抓住新高考改革和新教材实施这一契机，对学校"二六二"课改进行创新升级，深化"双轨制主备课""课堂复述""小组合作""好问指导""当堂检测""清零行动"教学改革，学科教学改革向纵深迈进。

一是实行"1＋N"网络课堂，互帮互助。实施"1＋N"网络课堂模式，以一个主课堂（优秀教师）带领多个课堂（待优教师）同时上课，主上课教师负责教学设计和实施，网络交互教师负责课堂辅助、监管与交流。教师通过同步听课观摩，提升专业能力。"1＋N"模式的实施，有助于促进互帮互助，共同成长。

二是"一课三磨"，破茧成蝶。《临沧市第一中学青年教师磨课活动方案》的实施，让教师的专业能力在"一课三磨"中不断精进。对同一个教学内容，每一位教师至少磨课三节次以上，磨设计理念、教学目标、教法学法、教学流程，磨课堂弊病，磨反思整改，磨出教师成长的心路，使教师在磨课中破茧成蝶。

三是心谦志诚，深化合作学习。为深化小组合作学习，课堂实行学习小组和管理小组的双向管理，规范合作学习操作路径，构建合作学习评价机制。每学年对所有教师、学科、班级、小组全面开展评优和预警，这提升了小组合作学习的实效性。目前小组合作学习已成为学校的课堂文化，成为突

破教学重难点和易混易错点的有效策略，成为促进学生学习品质和心理品质发展的有效途径。

四是全科开展课堂复述，有效落实深度学习。《临沧市第一中学课堂复述操作规范及管理考核办法》已成为抓课堂深度学习的重点指南。针对不同学科和课型特点，明确复述内容、复述要求、复述策略、复述流程、操作规范、复述评价等。课堂复述，给课堂教学注入了培养学生逻辑思维能力的活力，也成为学生深度理解知识，应用知识解决问题，提高归纳力、概括力和表达力的法宝。

五是制作"小印章""好问卡"，鼓励学生树立问题意识。学校建立"好问"评选激励机制，推进"好问"工作，给每一位教师刻制一个姓名章，给学生制作好问卡，只要向老师问了问题的学生就给盖一个章。通过评选"好问之星""好问班级""好问指导教师""好问指导班主任""好问指导优秀部长""好问指导优秀年级长"，激发学生的求知欲，让学生"好问""会问"。一枚小印章成为一根撬动学生问题意识的杠杆。

（七）尽心竭诚，建设智慧校园和数字校园，推进专业发展

学校加大投资，构建了以万兆校园网络为核心的"智慧校园"系统，建成了"云＋网＋端"系统、"1＋N"互动课堂，实现了"数字校园"一体化、全覆盖、全应用和全管控。建成的数字资源库内容丰富，种类齐全，为教师开展网络课程学习、网络教学，应用信息资源提供了优质便捷的服务。教师可以充分依托资源平台备课、制作课件、开展教学、辅导批改作业、阅卷、分析数据，这促进了教师在信息技术与教学深度融合方面能力的提高，同时也减轻了教师统计各种繁杂数据的压力。

"诚则成"，诚其心，成其业，诚至金开。改革创新，推动教师专业高质量发展，促进高考成绩大面积提升。学校在省一级完中教育教学质量综合考评中，连续 12 年名列前茅，其中 2017 年、2018 年、2019 年、2020 年、2021 年排名均在全省前 10 名，近三年高考 600 分以上人数位居全省第二，

多次受省教育厅表彰奖励。学生凭借优良的思想道德素质和科学文化素养以及较强的综合能力、较大的发展优势，深受国内顶尖大学欢迎，学校被清华大学、北京大学、中国科学院大学等高校列为"优质生源基地"，被北京大学列为首批"博雅人才共育基地"。

总之，学校通过制度创新和一系列强化措施，促进了教师专业高质量发展。学校将进一步深化教师队伍建设，建立具有新时代特征的普通高中教师专业发展的机制，构建普通高中教师的道德素养、价值取向、教学能力、组织管理能力和专业发展能力评价体系。通过制度倒逼和自我发展，遵循教师的成长规律，实现教师专业高质量的跨越式发展。

四　认识与思考

面对新课改新高考带来的新挑战，作为一所省一级一等完中名校，临沧市第一中学还面临着诸多问题和困惑，需与同人共同研究解决。

思考一：坚持"人才强校"战略，强化师资队伍建设，提高学校的核心竞争力。积极拓宽教师来源渠道，积极申请编制，促进教师资源的合理配置和有效利用。加大引进"免费师范生"力度。继续实施优秀教师奖励计划，鼓励教师拔尖、成才。做好聘请普通高中教育人才援建边疆帮扶临沧工作。

思考二：教师师德失范行为"零容忍"的问题。规范教育教学行为，强化教师的底线思维和规矩意识，制定师德失范行为负面清单，对师德失范行为"零容忍"。

思考三：建设高素质专业化创新型教师队伍。将师德师风作为评价教师素质的第一标准，推动师德建设长效化、制度化。完善教师专业发展体系，推动教师终身学习和专业自主发展。加大教师表彰力度，激发教师荣誉感、成就感和幸福感。

思考四：推动制度创新，通过打造具有校本特色的管理模式和教师高质量成长模式，让学校跻身全省名校的道路走得更远更宽，不断扩大区域影响力，补齐教育短板，打造教育品牌。创特色、建品牌、求创新等发展点，是学校未来的发展方向。

思考五：名校竞争力的核心是管理，要对管理不断进行创新升级。临沧市第一中学生源质量低，教师水平普遍不高。在师生底子薄弱的情况下，学校还能取得这样的成绩，靠的是管理。只要我们的引领力、监督力、合作力、创新力、执行力保持强劲，学校的核心竞争力就强劲，学校就能持续发展。

存在的困惑。

困惑一：如何让考核制度能更科学、合理、有效地衡量教师的工作效率和业绩？

困惑二：教育如何在教师职业倦怠严重和社会环境不断变化的情境下发展？

困惑三：如何让我们的教育从"泥土路"走上"高速"，让教师教得轻松，让学生学得愉快？

参考文献

《习近平总书记教育重要论述讲义》，高等教育出版社，2020。

《建设高素质专业化教师队伍——论学习贯彻习近平总书记全国教育大会重要讲话》，《人民日报》2018年9月16日。

杨勇、杨今宁：《"有效教学，有效学习"基本内涵及其实施的必要性》，《教育实践与研究》2021年第1期。

B.10
县域高中教师可持续发展的
困境及实践探索

——以河南省固始县高级中学为例

张文友　郭慧茹　郑祖龙*

摘　要： 受区位、经济等因素影响，县域高中在发展中相较城区高中有着"先天不足，后天乏力"等客观情况，其中尤以教师的可持续发展问题最为突出。固始县高级中学作为一所典型的县域高中，在教师的可持续发展中同样面临很多困难，问题集中体现在招聘难、留人难、进步难等方面，面对这些困难，固始县高级中学通过改变招聘方式等手段初步解决了一些问题，但相关配套资金及教师待遇等问题仍有待于解决。

关键词： 县域高中　高中教师　教师可持续发展

2018 年 3 月，中华人民共和国教育部等五部门印发《教师教育振兴行动计划（2018—2022 年)》，计划提出要培养造就党和人民满意的师德高尚、业务精湛、结构合理、充满活力的教师队伍。随后，各级教育主管部门开展了形式多样的培训活动，并采取一系列措施提高教师待遇，保障教师权益，

---

* 张文友，河南省固始县高级中学党委书记、校长，中小学高级教师；郭慧茹，河南省固始县高级中学副校长，中小学高级教师；郑祖龙，河南省固始县高级中学语文教师，中小学一级教师。

切实提高教师整体的获得感与荣誉感。① 但当下县域高中教师所面对的问题依然繁多而庞杂，而这些问题关乎县域高中的生存与发展，我们必须以审慎的目光去面对、去探究、去解决这些问题。

固始县位于河南省东南部，人口近 200 万，曾是国家级贫困县（已于2020 年通过脱贫验收），和许多中西部县区一样，县域经济以第一产业和劳务输出为主，交通欠发达，县级财政高度依赖上级转移支付。作为一所扎根于此的普通高中，学校生存和发展所面临的困难自是不言而喻。学校自 1956 年创办起，经过一代代固高人的不懈努力，办学规模不断扩大，教学质量不断提高，如今已被评为"全国文明校园"（2017）、"河南省首批省级示范性高中"（2005）。但困难并没有随着成绩与荣誉的取得而消失，在新的社会背景下，一些新问题，特别是教师的可持续发展方面的问题也逐渐浮出水面，亟待解决。

一 当前县域高中教师可持续发展所面临的主要问题

（一）教育梯队的断层

在高中办学规模长时间保持不变的状态后，2000 年开始，河南省普通高中办学规模迎来了一次较大规模的扩展，② 2000 ~ 2008 年固始县高级中学引进了大批教师，但之后一直到 2016 年，学校除个别年份引进少数研究生外，教师招聘工作长时间处于停滞状态（见图 1）。现在河南省内普通高中普遍存在教师梯队断层严重的现象。

---

① 《教师教育振兴行动计划（2018—2022 年）》，中华人民共和国教育部官方网站，2018 年 3月 22 日，http：//www. moe. gov. cn/srcsite/A10/s7034/201803/t20180323_ 331063. html。

② 《中国教育年鉴 2001——河南省教育概况》，中华人民共和国教育部官方网站，2001 年 6 月1 日，http：//www. moe. gov. cn/jyb_ sjzl/moe_ 364/moe_ 369/s3115/201001/t20100122_77583. html。

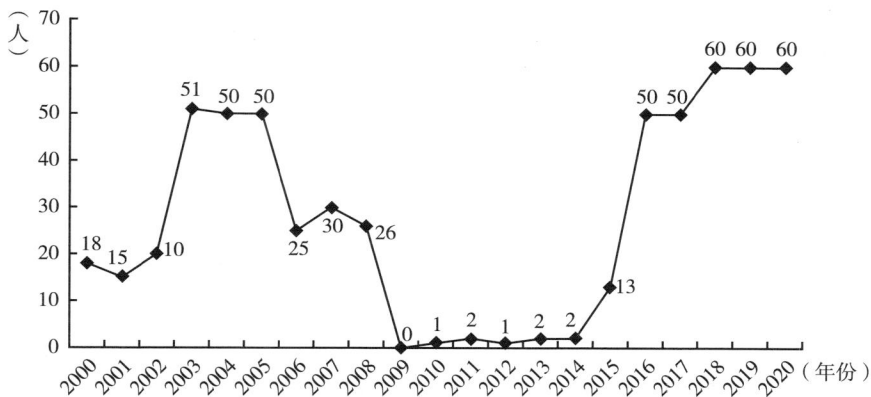

图1　固始县高级中学2000～2020年新招聘教师数据

资料来源：固始县高级中学办公室（2021年3月13日查阅）。

　　这里所说的"断层"，最为直观的表现是较早参加工作的经验丰富的老教师面临退休，留出的工作缺口中年教师不能够完全填补，青年教师则后继乏人（见表1、表2），教师数量不足。随着电子化、多媒体等教学方式的推广，现有教师队伍中的大多数教师由于不具备计算机知识与技术，现有教师群体工作质量下降；现有中青年教师由于生活压力大加之市场经济观念的冲击，能够像老教师那样坚持初心、甘于奉献的越来越少，现有中青年教师群体对工作的满意度并不高（见图4）。

表1　固始县高级中学教师年龄统计情况（男）

年龄（岁）	55～60	50～55	45～50	40～45	35～40	30～35	25～30	20～25
人数	24	25	31	20	50	19	12	55

资料来源：固始县高级中学办公室（2021年3月13日查阅）。

表2　固始县高级中学教师年龄统计情况（女）

年龄（岁）	50～55	45～50	40～45	35～40	30～35	25～30	20～25
人数	36	32	31	101	25	37	105

资料来源：固始县高级中学办公室（2021年3月13日查阅）。

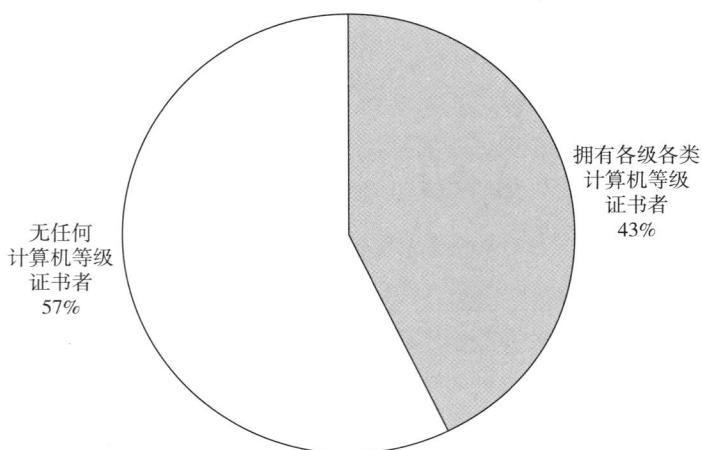

图2 固始县高级中学教师计算机技术类证书统计情况

资料来源：固始县高级中学办公室（2021年3月13日查阅）。

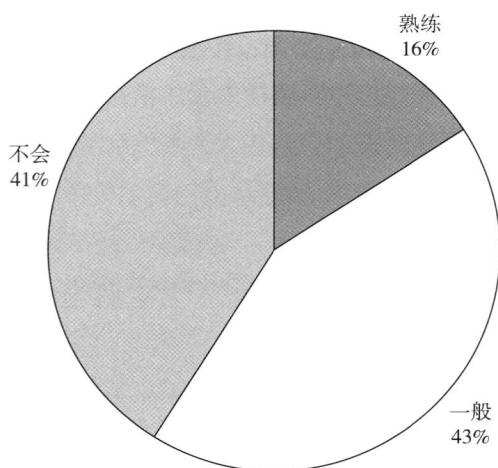

图3 固始县高级中学教师办公软件应用能力统计情况

资料来源：固始县高级中学全体教师调查问卷（问卷时间为2020年4月8日）。

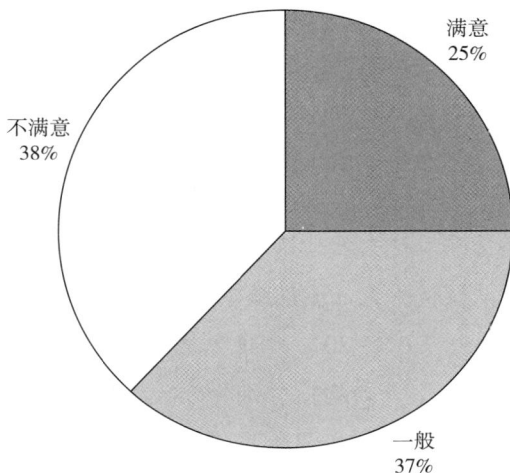

图 4　固始县高级中学中青年教师（20～40 岁）对当前工作满意度调查统计情况

资料来源：固始县高级中学全体教师的调查问卷（问卷时间为 2020 年 4 月 8 日）。

（二）教师的招聘和优秀教师的保有困难

1. 招聘难

县域中学和很多位于大中城市的学校相比，无论发展前景还是社会公共资源都不能同日而语，在新教师招聘上显然对优秀人才的吸引力不足。以固始县高级中学 2016～2019 年招聘情况为例，从学历分布上来看，四年共计招聘教师 295 名，其中研究生 17 名，本科生 278 名；从毕业院校层次上来看，① 毕业于十大名校的 2 名，毕业于其他 "985" 院校的 5 名，毕业于 "211" 院校的 6 名，毕业于普通类本科一批学校的 62 名，毕业于普通类本科二批学校的 97 名，毕业于普通类本科三批的 123 名；从毕业院校性质上来看，毕业于师范类院校师范类专业的 142 名，毕业于其他类院校的 153 名；从籍贯上来看，籍贯为固始县的 280 名，籍贯为信阳市内固始县以外的

---

① 为了数据的精细化，本报告对毕业院校层次的划分沿用了之前的划分方式。

其他县区的 15 名。

通过对以上数据进行分析与梳理，我们不难发现，近几年固始县高级中学的教师招聘情况并不算太理想。

2. 优秀教师保有难

现在的社会是一个开放的、流动的社会，受收入待遇、子女教育、健康医疗等多重因素的影响，优秀教师特别是骨干教师存在一定的流失情况，这就使县域高中教师队伍优秀人才更加缺少。

以固始县高级中学 2016～2020 年优秀教师流失情况来看，近些年的优秀教师流失数量呈逐年上升趋势，分别为 3 人、5 人、5 人、6 人、7 人。[①]这些优秀教师主要流向信阳市和郑州市的一些重点学校，少数人流向长三角、珠三角等经济发达地区。虽然从绝对人数来看，流失的骨干教师并不多，但如果从相对数量来看，这些优秀骨干教师的流失对学校的可持续发展的负面影响无疑是巨大的。首先，这些教师经过多年的工作实践和学校的大力培养，已经成为教师队伍中的中坚力量，流失的绝大多数教师都承担学校重点班级的教学工作，其中还有一些甚至是学科组长、学科名师；其次，优秀教师的流失极容易引起整个教师队伍的不稳定，对学校教师队伍的凝聚力建设十分不利。

（三）教师的职称晋升困难

河南省现行的教师职称评审主要分为中级和高级两部分，职称评定时，除需要满足学历、聘任年限、能力、经历等条件之外，还需要满足一定的工作业绩条件，其中最核心的分别为表彰、优质课和"三项活动"。[②] "表彰"部分，各级表彰分配到固始县高级中学的名额平均每年 50 个；"优质课"

---

① 数据来自固始县高级中学办公室。

② 《河南省人力资源和社会保障厅文件关于印发〈河南省中小学教师职称评价标准〉的通知》（豫人社办〔2018〕95 号），河南职称网，2019 年 10 月 28 日，http：//ywzl.hrss.henan.gov.cn/sitegroup/root/html/ff808081718ef30a017195786d020300/c5d1d99622294710af4abb46b65cc5b7.html。

方面，分配到固始县高级中学的名额平均每年 34 个，分配到固始县高级中学的各级课题平均每年 15 个；"三项活动"三年一次，每次分配至固始县高级中学的名额为 12 个。分配至固始县高级中学的高、中级职称参评推荐人数平均每年分别为 15 人、20 人。[①]

每年较少的荣誉奖励及职称推荐参评人数名额，再加上固始县高级中学庞大的教师队伍基数，导致固始县高级中学职称评审排队人数过多，大量教师职称问题得不到解决，现在仍有大量 2006 年、2007 年、2008 年入职的教师的中级职称问题以及 2001 年、2002 年、2003 年、2004 年入职的教师的高级职称问题得不到解决，这严重挫伤了相关教师的工作积极性。

二 固始县高级中学的应对策略

固始县高级中学结合实际，从教师的招聘、专业技能的培养、岗位的安排及归属感的养成等多方面摸索出了一套行之有效的应对策略，一定程度上解决了固始县高级中学当前所面临的问题。

（一）广植梧桐树，引得凤凰来

2016～2019 年，固始县高级中学的教师招聘工作由县里统筹安排，和全县初中小学教师招聘工作一并进行，由于是统一招考，针对性不强，加之面试工作采取类似于公务员招聘的结构化面试形式，招聘工作脱离了教师工作的实际，这几年招聘的效果不是太理想。

---

① 《（固教研〔2020〕1 号）关于开展 2020 年固始县中小学优质课评选活动的通知》，固始教育在线，2020 年 5 月 2 日，http://www.gsjiaoyu.com/DownView.asp? id = 1001；《2020 年职称工作安排》，固始教育在线，2020 年 7 月 29 日，http://www.gsjiaoyu.com/DownView.asp? id = 1016；《关于评选表彰 2020 年固始县教育系统优秀教师和优秀教育工作者的通知》，固始教育在线，2020 年 9 月 1 日，http://www.gsjiaoyu.com/DownView.asp? id = 1026；《（固教研〔2020〕14 号）关于开展优秀校本课程、优秀学生社团和综合实践活动登记备案工作的通知》，固始教育在线，2020 年 9 月 14 日，http://www.gsjiaoyu.com/DownView.asp? id = 1030；《县教研室课题研究备份材料》，固始教育在线，2021 年 3 月 17 日，http://www.gsjiaoyu.com/DownView.asp? id = 1042。

经过学校向有关部门反映后，这种情况引起了县里相关领导的高度重视，因此 2020 年的招聘一改之前的旧的招聘流程，将权力下放，使学校在教师招聘中发挥明显作用。在招聘对象上，将招聘对象限定为知名的师范院校师范类专业毕业生；在招聘时间上，吸取以往教师招聘时间均安排在 7 月导致优秀人才在之前的外地多场招聘中被招录走的教训，将招聘工作提前到 2020 年初，这样，学校作为较早参加招聘的单位，选择面自然就更广一些；在招聘流程上，学校积极参与高校举办的校招，采用走访了解、现场抽签试讲等更灵活的考查形式；在招聘对象的待遇落实方面，由县委、县政府出面，协调县内多个职能部门，为招聘对象打开绿色通道，实行奖励政策，吸引人才前往固始县落户。

（二）砥柱江山承重任，善加惜爱待真心

对于如何培养留住现有的教师，发挥他们的价值，固始县高级中学有着自己的思路和见解。

1. 教师的培养

为了帮助新入职教师快速进入角色，固始县高级中学通过"青蓝工程""青年教师技能大赛""优质课大赛"等一系列活动及"校名师工作室""名班主任工作室"等组织对青年教师进行针对性极强的帮扶，极大地缩短了青年教师的成长周期。学校还通过"请进来"与"走出去"相结合的方式，积极学习借鉴其他学校的优秀做法，同时还抓住上级教育主管部门组织的各项培训活动的机会，实现了学校整体教师队伍水平的提升。

新晋教师入职后，学校组织"青蓝工程"活动，精心挑选学校部分师德师风高尚、教学经验丰富的优秀骨干教师和新晋教师结成师徒，对新晋教师进行帮扶。通过课堂互听互评、教法指导、定期述职考核等形式促进年轻教师快速进入角色。

学校每年举办一次"青年教师技能大赛"，所有中级及初级职称教师全部参加。在笔试阶段，邀请相关学科专家命题，检验教师学科知识掌握及运用情况；在赛课阶段，由相关学科的优秀教师组成听课评审团，客观公正地

对授课教师进行评价，以考促教、以赛促教。

学校结合教学改革，以"三环六步"高效教学法为要求，举办"优质课大赛"，并通过参赛选手赛课、同学科教师参与听课、评审团打分的方式，最终确定优胜者并向上级部门推荐年度优质课，这极大地调动了教师参与课改、钻研教法、改进教风的积极性。

通过名师工作室引领建设一流高效的教研团队，带动年轻教师的快速成长。名师工作室每周进行一次集体研讨，加大对学科教育教学、高考试题的研究。利用每学期开学初的学期指导性材料，以及高考后的试题分析总结性材料，服务教育教学，发挥这些材料的示范引领作用。学校还安排名师工作室带领青年教师参与国家级、省级、市县级课题研究，指导青年教师写好教学论文和教学反思，择优发表并录入学校《教学反思和论文汇编》。通过"名师讲好示范课"活动，固始县高级中学大力推进"三环六步"教学法的实施，举办名师讲坛，名师以多年一线教学的丰富经验和心得为基础，以备战新形势下的新高考为目标，以点带面、由浅入深、循序渐进，让中青年教师在聆听中成长、在思考中进步、在实践中更上层楼。

在班主任队伍建设上，以名班主任工作室为引领铸就勤奋卓越的班主任团队，带动年轻班主任的成长。固始县高级中学有两个名班主任工作室，一个是河南省顾明银名班主任工作室，另一个是固始县郭慧茹名班主任工作室。两个工作室通过加强班主任工作室建设，成为班主任培训的基地、研究的平台、成长的阶梯、辐射的中心，使固始县高级中学班主任成为为人师表的楷模、班级管理的能手、教育科研的先锋。学校在每学年初对班主任进行培训，让班主任熟练掌握常规工作内容及基本要求，并结合班级实际列出详细工作计划。同时，学校还定期举行班主任经验交流活动，推广优秀班主任班级管理经验、教育教学先进做法，在全校范围内起到引领、示范、推动作用。两个名班主任工作室负责定期开展"班主任沙龙"活动，全面总结经验成果，梳理日常工作中存在的问题，积极探索解决问题的对策，确定并落实有较强针对性和可操作性的举措，切实促进班主任的快速健康成长。学校还积极践行"请进来"与"走出去"的方式：将专家"请进来"进行专题讲座，之前固始县高级中学邀请到全国优秀班主任——南京五中的陈宇老师为固始县高级中学班主任进行专题培训；组织班主任"走出去"，到其他兄弟学校参观学习，借鉴兄弟学校的经验做法并结合本校实际情况加以推广应用。

固始县高级中学还积极参加河南省及固始县电化部门组织的培训活动，通过培训考核，切实提高教师的多媒体使用能力。

2. 教师的工作分配和激励措施

在工作分配上，新教师入职三年内，每周至少听两次课，每月至少完成一套试卷的命制；在班级教师分配上，注意班级内部教师的老中青搭配；以成绩作为分配不同类型班级教师的主要依据，增强流动性，实行流动淘汰制，不唯资历论，大胆起用年轻教师。在奖励机制上对尖优班予以倾斜，充分调动尖优班教师的教学积极性。

以量化考核、评教评学的方式激发教师工作的积极性。《固始县高级中学量化考评方案》，由学生对每位教师的教育思想、教学态度、教育方法等做出客观公正的评价，同时采取定期和随机跟踪考评的方法，如推门听课、问卷调查等形式，对教师进行综合评定，把教师的教学成绩、工作业绩与职称晋升挂钩。

以表彰奖励激励教师乐于奉献，鼓励教师积极向上。每年十佳班主任、十佳教师、师德标兵、文明班级、文明教师、优秀志愿者、教坛新秀的准确评选，是对教师工作的尊重、信任，是对教师付出的肯定、鼓励，召开表彰大会，把他们的事迹张贴于校园醒目之处，宣传激励教师爱岗敬业、积极向上。

3. 教师归属感的培养

通过举办丰富多彩的活动增强教师间的沟通与交流。诸如文艺汇演、拔河比赛、篮球比赛、新春书画展等文体活动，妇女节、劳动节、中秋节、重阳节、春节等节日的慰问活动，"文明办公室""优秀学科组"等评比活动。

由学校出面积极向上级部门申请职称指标、荣誉奖项，为教师争取切身利益。固始县高级中学积极申请了教师福利项目，例如安装办公室、教室的空调、热水器，教工食堂的运营也为教师营造了良好舒适的外界环境。

积极协调教师子女就近入学，对困难教师积极进行帮扶，切实帮助教师解决一些生活上的难题。

三　认识与思考

当下，我们对县域高中教师的可持续发展做出了一些有益的探索，有些方法具有一定的参考意义和实践价值，在经过一年多的实践后，上述的一些问题得到一定程度的解决。尽管如此，仍有一些困难亟待我们去解决，其中最紧迫的还是相关配套资金的问题。

中华人民共和国成立至改革开放初期，中国的普通高中管理权限往往在省、自治区、直辖市这一层级的行政单位手中，但自 1985 年的《中共中央关于教育体制改革的决定》确立基础教育"分级管理，分工负责"的办学体制后，基础教育管理权逐渐下放，普通高中的教育管理权限也一并下移至地方。在实践中，县级政府成为县域高中的实际领导者与指挥者。但类似固始县这样的中西部贫困县区，县级财政往往十分紧张。在教育经费使用上，有限的资源又往往被投入到"普九"、"两基"和"义务教育均衡创建"上，所以县级财政在照顾普通高中的问题上往往心有余而力不足。2016 年以前，学校还可以通过适当招收择校生等方式来弥补资金支出的缺口，但这种做法一方面加重了中、低收入家庭普通高中教育成本负担，另一方面为学校的教学质量、安全管理带来隐患。

资金不足，学校相关的活动就难以开展，继而也难以真正调动教师的积极性，遑论教师的可持续发展。所以当下如何利用有限的资源，实现最大的发展，也是我们一直以来思考的问题。

B.11
疑探教学提升教师素养实践研究

——以河南省南阳市一中为例

杨文普　陈　玲　王诗语*

摘　要：　在千千万万个孩子心中种下一颗创新的种子、一颗爱国的种子，这是新时代教育长远解决中国被"卡脖子"问题的特殊使命。这就要求教师既要引导学生大胆质疑，又能直面学生从容解疑；既要引导学生爱国守纪，又能直面学生做好表率。在这种背景下，如何提升教师的能力和道德素养成了一个亟待解决的问题。近年来，南阳市一中积极开展疑探教学实践研究。疑探教学彻底打破了传统课堂中教师对问题的预设和掌控，打破了班会课"空洞"的说教，教师怕被学生"问住"，只好拼命学习"充电"，从而实现了教学相长，大幅提升教育质量。

关键词：　教师素养　疑探教学　教学相长

一　教师素养的界定

教师素养主要包括两个方面。第一，教师的能力，包括教师的教学能力、班级管理能力以及科研能力。第二，教师的道德素养。中小学时期是中

---

* 杨文普，河南省南阳市一中校长，正高级教师，享受国务院特殊津贴专家；陈玲，河南省南阳市一中教师发展中心主任，中学高级教师；王诗语，河南省南阳市一中化学教师，中学一级教师。

小学生的世界观、人生观、价值观的形成时期，教师的言谈举止、为人处世将在无形中对学生产生深远的影响，因此教师必须具有高尚的道德、宽广的胸怀和对学生无私的爱。

课堂改革是课程改革的核心，仅依靠改革教材很难实现素质教育。随着课改的推进，教育教学更需要教师创造性地运用教学手段和教学艺术培养创新型人才，教育教学的过程也正是教师素养提升的过程。因此，学校应把教学改革当作提升教师素养的一个契机，努力探索以教学改革促教师发展的有效策略。

二 教学改革背景下提升教师素养面临的问题

长期以来教师受传统教学观念的影响，习惯以自我为中心，以知识为目标，以升学率为尺子，并将其作为自己的教学思想，导致素质教育效果不佳。

当代学生对未来充满憧憬，对世界充满好奇。他们在学习中会产生大量的问题，而且他们获取信息的途径很多，这就对教师的能力提出更高的要求。教师不仅要有多元的知识结构，更要有广泛的合作意识，包括教师之间及师生之间的合作，而这些恰是诸多教师的不足之处。

在教学改革大背景下，诸多一线教师没有深刻领会课改的精神，教师的素养得不到提高，把握不住课改精髓，只是机械照搬，更谈不上灵活运用，从而导致课堂效率降低。目前很多地方的课改形式主义较重，教师课改意识不强，课堂改革没有成为常态。目前一些学校对教师的评价机制不完善，致使教师课改生搬硬套，教师能力提升根本无从谈起。

针对以上问题，南阳市一中研究出了通过课改提升教师素养的策略，积极组织教师学习"疑探教学"思想，大力推进"疑探教学"课堂改革，取得了明显成效。

三 "疑探教学"思想提升教师素养策略

"疑探教学"是指以"质疑—探究"这一人类认识事物和解决问题的方

式为教学基本方式的一种教学方法，以"培养学生的创新精神和实践能力"为根本目标，以"自主探究与小组合作"为主要实施方式。它与传统教学的根本区别在于以下几方面。传统课堂导入常常是教师出示问题，引导学生进入文本，而疑探教学的课堂是学生提出问题，而后学生在探究中解决问题；传统的课堂练习是由教师出题，由教师评价，而疑探教学的课堂练习则是由学生自己编题，由学生评价；传统的课堂教师预设的问题多，生成的问题少，而疑探教学的课堂，教师常常被学生出其不意的质疑"问住"；传统课堂常常要求学生通过导学案完成课前预习，而疑探教学没有导学案，导学案的实质是把传统教学的"口头问"变成"书面问"，教师"问"什么，学生就"答"什么，不利于培养学生的创新精神，因此，不提倡使用导学案进行课前预习。具体地说，疑探教学是"自探生疑—合探解疑—再探质疑—运用编题"等环节下的开放式自主学习，传统课堂教学是"牵"着学生走，"抱"着学生走，疑探教学是放手让学生自己走，"追问"教师应该怎么走。教师怕被学生"问住"，则会主动学习，从而实现教学相长。

（一）"疑探教学"提升教师能力

疑探教学课堂上学生提出的问题很多，学生渴望教师及时答疑解惑，这就对教师的能力提出了更高的要求。学生的思维具有多样性，这需要教师精准把握一节课的重难点，不使课堂方向因某些学生的问题而跑偏。教师应了解学生的学习情况和知识基础，能够预见其可能提出的问题，以便及时解决学生提出的疑问。疑探教学课堂是生动、活跃的课堂，是不断闪现思维火花的课堂，教师必须不断提升自己的教学能力以掌控课堂。"疑探教学"改革的推行倒逼着教师主动学习，以实现自我发展。

1. "疑探教学"提高教师教学能力

（1）赛课活动常态化

组织原则：干部带头，团队捆绑。

组织办法：实行两周循环制。

赛课贯穿整个学年，比赛让老师们始终处于一种斗志昂扬、追求卓越的

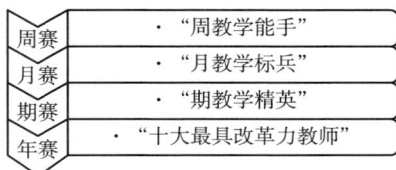

周赛	· "周教学能手"
月赛	· "月教学标兵"
期赛	· "期教学精英"
年赛	· "十大最具改革力教师"

图 1

工作状态中。教师以备课组为单位，潜心研究，体会课改精神，精准把握高考方向，设计教学环节，组织课堂语言。通过比赛，教师不仅提高了自身的教学能力，也提高了整个备课组的水平。比如高三教师通过微专题课比赛，把本学科高频错点的考察方式、突破办法及变式训练以微专题形式整理成册，使整个备课组的教学水平都得到了提升。

从表 1 中可以看出，随着赛课的持续推进，南阳市一中在优质课比赛中获奖人数逐年递增，说明学校赛课活动不仅调动了教师的积极性，而且提升了教师打造优质课堂的能力。

表 1　2015～2020 年南阳市一中优质课比赛获奖情况

	2015 年	2016 年	2017 年	2018 年	2019 年	2020 年
省级一等奖	0	1	2	2	3	5
省级二等奖	1	1	1	3	3	4
市级一等奖	3	4	6	7	10	14
总计	4	6	9	12	16	23

注：本表数据来自南阳市一中教师发展中心。

（2）教研活动常态化

南阳市一中实行一日一研的制度，每次教研时长为一节课。由一位教师主讲第二天的教学设计、备课遇到的问题，分享自己的经验或进行主题讲座，其他教师可以就此进行交流研讨。每天学生提出的疑问，老师不能当堂解决的，也可以在每日的研讨中找出最佳答案，快速反馈给学生。每日的研讨所需时间短，内容丰富，气氛融洽，老师们质疑解疑，也可谓是"疑探教研"，每位老师都收获颇多。

（3）课堂改革常态化

为确保课改落实到日常课堂中，南阳市一中教师发展中心制定了多种课型（新授课、试题讲评课、微专题课、复习课等）的教学流程和评价标准，老师们人手一份，充分学习领会。教师发展中心对课改覆盖率进行统计，每天全校通报，督促教师们将课改贯彻落实。

（4）改进评价机制，倒逼教师提升能力

为了落实以上三个"常态化"，有效提升教师的教学能力，南阳市一中特制定了详细的评价办法，使评价与教师绩效挂钩。

实行团队捆绑的方式，对每个备课组的全体教师进行捆绑评价。通过捆绑评价倒逼教师加强合作，互帮互助，提高其合作意识、团队意识，实现共同进步。

2. 实行疑探式学生自主管理，提升教师班级管理能力

具体操作步骤如下。

（1）组建两套班委，实行"一班两部"的管理方法，两部之间相互监督、相互学习。

（2）组建6人学习小组。

（3）制定班级公约、小组公约。

（4）天天召开微班会，发现问题，解决问题。

微班会是班级自主管理的一大亮点，也是关键。微班会有三个特点。一是反馈及时，时间一般为10分钟，天天召开。二是主题突出，聚焦明确，发现身边存在小微话题，一事一议。三是便于自我教育。微班会一般包括三个环节。一是公示当天量化积分；二是讨论班级当天暴露的问题，找出解决问题的办法；三是感动班级人物颁奖（日感动人物、周感动人物、月感动人物、学期感动人物、学年感动人物）。

学校设立学生自主管理最佳班级奖，每月评选一次。班主任提出申请，学校组织验收。规定班主任在某周内，除本人上课进班外，其余时间一律不许进班，更不许隔窗察看；如发现学生违纪则要加倍扣分。月底班级积分位居年级前3名的班级，予以奖励，班主任津贴按2倍发放。全年有3次获奖

的班级将荣获"学生自主管理最佳班级奖"。

班级自主管理的探索和实施，使班主任角色发生了重大转变。从鼓励班主任亲力亲为，到强制班主任少进班，做幕后指导；从"他治"转为"自治"，由"自治"转为"自律"，种种变化有助于学生养成好习惯，最终形成好品质。班主任从"动"起来到"闲"下来的过程，也正是教师班级管理能力提升的过程。

学校对班级管理情况进行量化评价，学校值班组及学生发展中心每天检查学生行为规范情况，公布班级和级部量化积分。各级部每学期满分为100分，每学期末折算出各级部相应得分，两个学期得分的平均值为学年得分。

从表2可以看出，通常高一新生，纪律意识不强，行为规范较差，往往得分较低，到了高二和高三，行为规范能力得到提升，级部得分也会提高。因此我们选取不同学年的同一年级来进行对比分析。2017年南阳市一中第一年实施学生自主管理，并产生级部量化积分，班主任管理经验相对不足，各级部积分都较低。随后班主任们不断探索管理方法，2017～2019年量化积分明显递增，近三年量化积分已趋于稳定，略有提升。实行学生自主管理以来，虽然班主任进班时间减少，管理事务数量减少，但学生们的行为规范在不断改善和进步。可见推行自主管理模式，能够有效提升班主任的管理能力。

表2　2017～2018学年至2020～2021学年南阳市一中各级部量化积分情况

级部	2017～2018 学年	2018～2019 学年	2019～2020 学年	2020～2021 学年下学期
高一一级部	45.9	50.4	52.5	54.8
高一二级部	46.5	51.2	53.3	55.2
高二一级部	53.2	61.8	63.8	64.9
高二二级部	54.1	60.3	63.7	64.3
高三一级部	57.4	70.1	73.0	74.7
高三二级部	58.3	71.1	72.2	74.1

注：本表数据来自南阳市一中学生发展中心。

3. 疑探教学促进教师提高科研能力

自实行疑探教学以来，南阳市一中教师把教育教学过程中的收获进行总结，积极申报省市级课题。课题内容涉及疑探课堂研究及本学科的知识研究、课改措施等。2017年"疑探教学论"等系列丛书获河南省教科研成果特等奖，2018年"疑探教学法"获国家基础教育成果二等奖。

由表3中的数据不难看出，随着课改的推进，南阳市一中教师近年完成课题数量逐年递增。这一方面是因为课改过程中教师们深入探索研究了课改精神、课改措施、课改效果，形成了自己的思想认识，大家"有话可说"；另一方面是学校课改的推行激发了教师们的科研热情。整体来说，疑探教学促进了教师科研能力的提高。

表3 2015～2020年南阳市一中省、市级课题完成情况

	2015年	2016年	2017年	2018年	2019年	2020年
省级课题	1	1	2	3	5	8
市级课题	3	5	7	9	13	19

注：本表数据来自南阳市一中教师发展中心。

（二）推选"最受学生欢迎的教师"，提升教师道德素养

为进一步增强广大教师教书育人和服务育人的责任意识，促进师德师风建设，提升教师综合素质，使广大教师成为受学生尊敬和喜爱的良师益友，南阳市一中在全校所有任课教师范围内推选"最受学生欢迎的教师"。具体情况如下。

从"为人师表、关爱学生、敬业爱岗、教学水平"四个维度，每班每月评出2名"月最受学生欢迎的教师"；每个级部每学期评出5名"学期最受学生欢迎的教师"；学校每学期评出10名"学期最受学生欢迎的教师"，每学年评出10名"年度最受学生欢迎的教师"，每两年评出10名"树人奖"获得者。

由表4中数据可看出，该方案实施后的第一年，即2018～2019学年，

"最受学生欢迎的教师"荣誉获得人数不及全体教师的一半，而近年来获评人数逐渐增加，这表明通过这一评选活动，越来越多的教师深受学生的尊敬和爱戴，说明教师的道德素养有了较大提升。

表4　2018～2021年南阳市一中获评"最受学生欢迎的教师"人数统计情况

年级	2018～2019学年	2019～2020学年	2020年秋期至今
高一	46	65	70
高二	42	58	72
高三	51	68	77
获评总人数及比例	139（43%）	191（59%）	219（68%）

注：本表数据来自南阳市一中教师发展中心。

四　认识与思考

南阳市一中自2016年推行疑探教学改革以来，教师们逐渐从开始的被动学习、套用模式的状态转变为现在主动接受的状态。疑探改革不仅使教师受益，也使学生们获益匪浅。学生们不再做被动的"知识接收器"，课堂上他们可以在知识的海洋中享受自由探索之乐、质疑之乐、解疑之乐。随着疑探教学的深入实践，学生的问题意识和探究能力大大提升。

南阳市一中有各类社团共123个，近年来有79名学生在全国和省青少年科技创新大赛中获奖，有307人荣获"明天小小科学家"称号并获得国家发明专利，南阳市一中成为全国首批中芬合作创新示范基地学校。

表5　2020～2021学年第二学期高中二年级4班研究性学习课题立项统计情况

立项编号	课题名称	组长
2019204234	高中生对汉画保护现状的研究	温欣雨
2019204235	高中生对无人机技术实际应用的研究	赵正圆
2019204236	高中生对唐诗历史发展的研究	李怡霏
2019204237	高中生对白河水资源现状保护的调查研究	朱鑫阳

立项编号	课题名称	组长
2019204238	高中生对现代桥梁结构功能的研究	李家乐
2019204239	高中生对食虫植物的研究	司嵩烨
2019204240	高中生对外国语言文化差异性的研究	张栩宁
2019204241	高中生对程序驱动机械运动原理的研究	张晋嘉
2019204242	高中生对软件生成的研究	谢天一
2019204243	高中生对弧线球的科学研究	秦浩天
2019204244	高中生对闪电的研究	徐望远
2019204245	高中生对文化素养差异的研究	赵尚飞
2019204246	高中生对金石篆刻的研究	李豪楠
2019204247	高中生对计算机组装技术的研究	张九阳
2019204248	高中生对香港文化兴衰历程的研究	张玮彭
2019204249	高中生对中国文学发展现状的研究	宋雅
2019204250	高中生对平面设计的研究	李官癸

注：本表数据来自南阳市一中综合实践中心。

当然，受疑探教学改革影响更大的是教师。任何人都有惰性，需要外界的激励方能更快地成长。疑探教学改革倒逼教师们学习、领会改革精神，并将自身收获落实应用到课堂上，时刻督促教师们注意言行、以身作则，以成为学生心中最美的教师，成就更好的自己。迄今为止，南阳市一中有国家"万人计划"教学名师1人，正高级教师4人，特级教师4人，省名师16人，省骨干教师48人。中年教师不遗余力，青年教师奋发向上，整个学校的教师队伍一直在探索中前进。

改革没有绝对正确的模式可以照搬，改革的道路是艰辛的，我们还存在一些亟须探索解决的问题。例如，如何进一步提升教师的专业化水平，使其在课堂上更加灵活运用"疑探教学"；如何进一步优化评价制度，激发教师工作的主动性；走班教学背景下，学生小组合作如何发挥更好的作用等。

我们相信，改革势在必行，努力总有收获！

B.12
教育扶贫视角下高中教师的贡献研究

——以保定市美术中学凉山支教教师为例

贺宇良*

摘　要： 教育扶贫是阻断贫困代际传递的有效途径，而教师是教育扶贫的中坚力量。高中教师到国家贫困地区进行支教工作，是助力教育扶贫的重要行动。保定市美术中学三位教师，响应教育部教师工作司依托校长国培计划帮扶凉山彝族自治州中小学校的号召，到冕宁县民族中学支教。三位高中教师在冕宁县民族中学带班授课，并引进保定市美术中学的自教育治理理念，对冕宁县民族中学的教学和管理等各个层面进行了全面规划和精心部署，有效促进了冕宁县民族中学的教师教学能力的提升和学校整体环境的改善。为了保证教育扶贫的实效，他们还长期跟进确保帮扶到位。

关键词： 教育扶贫　自教育治理体系　教师贡献

　　扶贫攻坚是"十三五"规划中落实四个全面战略布局的重要举措。教育扶贫直指贫困地区贫穷落后的根源，是阻断贫困代际传递的重要途径，是帮助贫困地区彻底平稳脱贫的重要推手。教育扶贫是精准扶贫的治本之策，

---

* 贺宇良，河北省保定市美术中学校长、董事长，北京市八一学校保定分校理事长，从事教育管理研究。

"扶贫先扶志，扶贫必扶智"①。转变贫困地区人们的落后观念，实现精神脱贫，带动偏远地区教育质量的提升，让适龄儿童接受优质教育，对彻底实现脱贫致富意义深远。2018 年，中共中央国务院出台了《关于全面深化新时代教师队伍建设改革的意见》《关于打赢脱贫攻坚战三年行动的指导意见》，教育部、国务院扶贫办印发了《深度贫困地区教育脱贫攻坚实施方案（2018—2020 年）》等文件，国家对教师队伍建设和教育扶贫工作极为重视，教师在教育扶贫工作中的重要性显而易见。

一　扶贫先扶智，教师是教育扶贫的中坚力量

近年来为打赢脱贫攻坚战，全国各地采用各种各样的方式开展了轰轰烈烈的扶贫活动。教育扶贫作为其中一项重要内容，也在各地以不同形式开展起来。各地的扶贫工作在取得非凡成绩的同时也面临众多挑战。以教育扶贫为例，很多基层干部将教育扶贫理解成教师扶贫，让教师离开讲台，离开校园，用行政命令要求他们去完成物质扶贫，这难免力有不逮。基层干部的分内工作却让教师代劳，这既影响了教师教书育人的本职工作又不能收获最佳的扶贫效果，属于典型的资源错配。这种做法，违背了政府所倡导的精准扶贫的初衷。

教师是教育扶贫的中坚力量，"教师扶贫的主战场是三尺讲台，擅长的是扶志治愚"②。贫困地区的教师提升自己的教学水平，讲好每一节课，将理想信念厚植于学生的心灵，将知识技能传授给学生，使学生将来能够为国家的繁荣富强做出贡献，或至少能有一技之长，改变家庭和地区的贫困状况，才是以扶智治愚助力教育脱贫。教育资源相对优越地区的教师通过支教活动发挥辐射带动作用，也是教育精准扶贫的一种重要形式。教师借助政府

---

① 陈恩伦、郭璨：《以教师精准培训推动教育精准扶贫》，《中国教育学刊》2018 年第 4 期，第 42 页。
② 张志锋：《扶志治愚，教师扶贫主战场》，《云南教育（世界）》2018 年第 11 期，第 8 页。

搭建的"国培"计划支教活动平台,到"三区三州"等国家深度贫困地区进行支教工作,是助力教育扶贫的重要行动。

二 教师赴凉山州支教,助力教育扶贫

为贯彻落实中央脱贫攻坚的指示精神,加大教育扶贫工作力度,响应教育部教师工作司依托校长国培计划以及中小学名校长及培养基地结对帮扶凉山州中小学校的号召,2019 年 6 月,在接到教育部教师工作司关于开展四川凉山彝族自治州的帮扶文件后,教育部校长国培计划卓越校长领航工程中小学名校长领航班人大附中联合总校培养基地根据《教育部教师工作司关于开展四川省凉山彝族自治州教育帮扶行动的通知》要求,在刘彭芝校长的有力组织与推动下,联手基地一、二期名校长工作室迅速展开支教动员工作。河北省保定市美术中学积极组织优秀教师赴凉山彝族自治州冕宁县支教。北京市八一学校保定分校和保定市美术中学共 200 余名教师踊跃报名,经过层层筛选,最终确定了三位教师组成支教团队奔赴凉山。

大凉山地区,是国家扶贫开发工作的重点县区。2018 年习近平总书记视察凉山时,强调治穷先治愚,扶贫先扶智,决不能再让凉山的孩子输在起跑线上。三位教师,牢记习总书记扶贫先扶智的讲话精神,背负着党和国家的重托,凝聚两校全体师生的意志,承载凉山人民的希望,赶赴受援地履行教育使命,将自己学校凝练出的自教育思想理念带到了冕宁县民族中学。因主动作为,富有工作热情,三位教师均被县教育局正式任命为冕宁县民族中学副校长,分管教学、德育、艺体三方面工作。

自教育思想理念中有一个成长理念,就是以校长的主动成长引领教师的主动发展,以教师的主动发展引领学生的主动成长。三位支教老师在冕宁县民族中学的工作也是在这样的理念下开展的。教师是教育扶贫主力军,"三区三州"深度贫困地区教育精准扶贫应准确聚焦当地教师的教育能力建设。保定市美术中学三位高中教师在冕宁县民族中学带班授课,并引进保定市美

术中学的自教育治理理念，对学校教学和管理等各个层面进行了全面规划和精心部署，有效促进了学校教师教学能力的提升和校园整体环境的改善。具体而言，三位教师主要做了以下六个方面的工作。

（一）全面诊断，做规划谋发展

三位教师抵达冕宁县民族中学后，立刻投入到教育帮扶工作中。面对陌生的环境，首要工作便是对学校和师生的具体情况进行细致的调研。没有调研就没有发言权，只有在深入了解受援学校教育教学情况的基础上，才能给予其真正有建设性和针对性的建议和指导，真正帮助受援学校解决问题，提升教育质量。他们通过考察学校、随机听课、访谈、研究分析等方式帮助冕宁县民族中学从政策环境、自我发展现状、历史遗留问题、未来发展方向等方面进行了全方位的诊断。

冕宁县民族中学，是一所具有悠久历史且具有民族特色的普通初级中学，地处冕宁北山坝，在编教师 97 人，在校生达 1700 余人，80% 以上为寄宿制学生。在学生管理方面，学校存在不少问题。例如班主任管理手段简单、粗暴，不够尊重学生的个体意识。在升旗仪式上学生着装不统一，只有学生单调的读稿，教师东张西望左顾右盼，不能给学生做出表率。学生卫生习惯差，教室及校园环境没有专人负责。很多学生随地吐痰，乱扔垃圾，甚至在教学楼楼梯等地方随地大小便。眼保健操及课间操等流于形式，没有教师参与管理，学生只是伴随音乐随意进行，无法达到保健及锻炼的效果。另外，校园内还存在谈恋爱、抽烟、饮酒、打架斗殴、收保护费、盗窃等现象，教师未能在这些问题上进行有效的管理。

通过对冕宁县民族中学教师年龄结构及学历进行调查，三位教师了解到冕宁县民族中学师资短缺，教师队伍老龄化严重，年轻教师占比较小。年轻教师在进入该校后受学校环境影响难以做出较为突出的成绩，所以大多数教师对教学工作不求上进，缺乏责任心。而且很多老教师即将退休，这导致冕宁县民族中学的师资短缺的问题愈加突出。冕宁县民族中学的多数教师及中层领导认为，生源质量是影响教育教学成果的唯一原因，并没有寻找自身所存在的教育管理问题，也没有意识到教师职业倦怠与思想落后所引发的问题。

学校本应以教学为重中之重，而冕宁县民族中学在教学方面也存在着诸多问题。冕宁县民族中学教师没有坐班制度，加上之前提到的师资短缺问题，导致一名教师负责多学科的教学工作的现象严重，教师没有时间进行备课和作业辅导，上课也缺乏热情，不能有针对性地教育学生，经常带情绪上课，教学也没有统一进度。教师更是难有精力进行教育科研工作。在课堂教学方面，学生的课堂状态散漫，因知识基础薄弱，常常出现上课睡觉、走神等现象。教师上课状态不佳，甚至出现上课迟到的现象，一些教师因为没有熟练掌握多媒体教学技能和科学的课堂模式，经常出现"一言堂"和照本宣科的情况。同时学校没有安排统一的年级考试，仅有学科的随堂考试和凉山州在学期末组织的全州考试。这使得教师无法及时掌握学生的学习进度和对知识的掌握情况，没有教学反馈则容易出现教学秩序混乱的现象。

在德育方面，冕宁县民族中学培育目标不明确，缺乏德育课程。无法从学校实际出发，制定明确的培养目标，也不能根据学校和学生的实际情况形成有效的培养机制。同时学校缺少相应的入学教育课程，致使学生理想、目标不清晰。学校还缺乏养成教育，不能让学生了解团结合作的重要性，也无法使学生对接下来的学习生活做好充分的思想和心理准备，更遑论让学生以崭新的精神面貌和昂扬的心态迎接未来三年的中学生活。

三位教师通过调查还发现当地家长存在着严重的读书无用论思想，不重视孩子的学习。另外当地居民的经济情况比较差，同时还存在严重的赌博现象，多数居民思想滞后。部分孩子为留守儿童，父母外出打工，无人照看孩子，更无暇关注孩子的学习问题。除此之外，当地自然灾害多发，在支教团队到达冕宁不久就遇到了洪水，因洪水引发的泥石流冲毁了多个村庄，学生中也有人失去了亲人。在这样的环境下，很多家庭经济困难，缺少收入来源，无力支撑学生的学习生活，学生也没有时间和精力去学习。

基于调研结果，三位支教教师与冕宁县民族中学的校长、干部和教师共同探讨学校未来发展之路，依据自上而下与自下而上相结合的原则制定了学校三年发展规划、课程建设方案、学校文化建设方案、学校治理体系建设方案、德育方案、体育方案、美育方案与劳育方案。对各项问题重点规划，突破发展瓶颈，助力冕宁县民族中学的进一步发展。

（二）管理改革，定制度明规则

现代化的学校制度建设是教育改革的轴心。"中国的教育改革指向教育的现代化。教育现代化的重要层面是教育制度的现代化，而教育制度现代化的核心是建设现代学校制度。"① 学校制度建设对于学校治理能力和教育质量的提高有着举足轻重的意义，进行现代化的组织制度改革是实力薄弱的学校亟待开展的重要工作。现代学校制度最根本的目标是实现学生的全面发展，"现代学校制度必须是开放的、民主的、以人为本的，最终指向育人的制度体系"②。基于冕宁县民族中学内部管理僵化、缺乏民主、管理效果不佳等问题，三位支教教师引入了已经在保定市美术中学获得良好实践效果的自教育治理体系。首先，创设立体平台，提高管理效能。搭建校长领导下的决策平台，学校中层领导负责下的管理平台以及级部和班级的执行平台，优化内部管理机制，提升民主程度和执行效率。其次，明确管理原则，激发管理活力。管理依照"标准、检查、评价、奖惩、整改"的闭环程序，明确各项工作原则，给予师生更多的话语权，充分发挥师生参与管理的积极性、主动性和创造性。再次，组建自组织，引领协同发展。由拥有共同成长需求的教师和学生组成成长共同体，进行交流对话，互相学习，共同提高，如组建了干部成长共同体、班主任成长共同体、各学科任课教师成长共同体、班长成长共同体、各学科课代表成长共同体等。最后，规范教学行为，提高教学质量。依据"计—同—备—讲—练—辅—

---

① 张乐天：《对重启教育改革议程的思考》，《复旦教育论坛》2013 年第 3 期，第 7 页。
② 朱小蔓、刘贵华：《功能·环境·制度：基于生态理念的现代学校制度建设》，《华东师范大学学报》（教育科学版）2006 年第 2 期，第 3 页。

考—评"的教学环节，制定并完善各项教学制度，并组成教学督查小组，通过"把脉""开方""诊疗"等一系列行动，对教师候课、上课、课后反馈等环节进行督查。对出现问题的教师限时整改，并将教学情况纳入教师综合评价，有效提高了教学质量。

（三）教师成长，搭平台提能力

为了解决冕宁县民族中学教师成长动力不足等问题，三位支教教师与冕宁县民族中学共同采取了一系列强有力的措施。支教教师做了《自教育理论与实践》的专题报告，向全体老师介绍了在保定市美术中学取得良好实践效果的自教育理论，重点介绍了与教师成长相关的内容，从思想观念上解决老师停滞发展与职业倦怠的问题。基于自教育思想，支教团队帮助冕宁县民族中学塑造了有利于教师成长的反思文化，形成了"一日两反思"制度；制定了《民族中学教师职业生涯规划书》，引导教师自觉对标、自主成长；搭建了他成长链和自成长链，全方位促进教师专业发展；引领教师开展教育科研，促进教师向学习型教师转变。通过建立以上帮助教师成长的有效机制，教师的主动性得到充分发挥，教师的快速成长与学校的高质量发展得到推动。

（四）课堂改革，变观念强活力

支教团队来到冕宁县民族中学后，每人都积极主动承担了一定的教学任务。针对冕宁县民族中学教师教学行为懒散、学生课堂状态懈怠、课堂整体无序低效等具体情况，三位支教教师结合自教育思想下的"自本课堂"模式，推进课堂改革。三位支教教师率先在自己的课堂中应用"自本课堂"模式，将课堂分为目标导学、自主学习、合作探究、分组展示、当堂达标五个教学环节，通过教师点拨、引导和帮助，学生独学、对学、群学、展示、交流、质疑和对抗等方法，激活课堂，提高课堂学习效率，有效凸显了师生共同作为学习者的特征，推动教学进入"新学习样态"。经过半年的实践，课堂改革取得了明显效果，开始在全校范围内推广。

（五）入学教育，铸理想养习惯

针对冕宁县民族中学的学生理想、目标不清晰，养成教育缺乏等问题，支教团队将保定市美术中学的"入学教育"课程体系进行适当调整，制定出适合冕宁县民族中学学情的入学教育课程方案。

2019 年 9 月 23 日至 29 日，三位教师组织开展了为期一周的 2019 级新生入学教育。参与人员包括初一全体新生、任课教师及学校行政岗教师。本次入学教育涵盖军训课程、组织课程、制度课程、梦想课程、心理课程、生命健康与安全课程、研学课程、劳育课程八个模块。对学生的理想铸就、意志锻炼、团队协作、习惯养成、学习入门等进行全方位的训练，引导他们学会学习，爱上阅读，坚持每天锻炼，在实践中反思自己，学会有主见、有计划地做事情，对身边的人表达爱和善意，养成善于沟通与合作等八大黄金习惯，使其具备勇于探索、敢于担当、大胆创新等受用一生的品质。

一周的学习和训练，引导学生们养成了文明有序的学习、生活习惯，激发了学生自立、自强的自我管理意识与合作互助的团队意识，同时使学生锻炼了体魄、磨炼了意志、打开了心扉，自觉树立了人生理想，明确了成长的方向，以昂扬自信的精神状态投入到接下来的学习生活中。

（六）改善条件，美校园暖人心

支教成员资助了冕宁县民族中学的 8 名品学兼优的贫困学生，以最直接的方式改善学生的生活。在得知冕宁县民族中学图书资料比较欠缺的情况后，支教成员积极组织两校师生捐赠图书，共计募捐图书 1 万余册，价值 5 万元，为冕宁县民族中学提供了大量的图书资料，助力学生成长成才。在知晓洪水、泥石流等自然灾害给学生家庭带来的困难之后，支教团队积极到受灾学生家中慰问了解情况，帮助家长寻找问题的解决办法，助力学生重建生活和学习的信心。此外，支教成员还为民族中学的每位教师捐赠了冲锋衣，价值 4 万元，以绵薄之力温暖人心。

经过一年的帮扶，学校在德育、智育、体育、美育、劳育等各个方面都有了很大改善。冕宁县民族中学和冕宁县教体局对三位教师的支教工作表示高度肯定，并专门致信市教育局对支教教师表达谢意。2020 年，中共中央宣传部和教育部联合授予凉山支教帮扶团队"最美教师团队"的荣誉称号。

三 支教重实效，长期跟进确保帮扶到位

仅从实际在岗时间上来说，高中教师到深度贫困地区支教只是相对短期的帮扶行动。这种教育扶贫的模式往往存在一定的弊端，单纯的外来教师的教育帮扶很难满足当地教师情境化、常态化的学习需求，想要短时间内提升教师的专业水平并改变学校的教育管理模式难度很大。很多时候，在支教教师离开后，他们所带去的先进的育人模式和管理理念在受援校的实践也会中断。为了避免出现这种状况，除了创新帮扶模式之外，还可以利用公益项目，如北京师范大学教师教育研究中心在 2018 年开始组织实施中国教师教育精准帮扶公益活动"启师·沃土计划"—"三区三州"公益项目，一般教师的支教活动还可以通过学校间的长期跟进、及时沟通、定期指导等措施确保支教教师在校期间所实施的一系列改革措施得以长期实行，并不断焕发新的活力。

三位支教教师的支教工作虽然结束了，但保定市美术中学仍将实施长期的教育扶贫计划，继续对贫困学生进行资助；对冕宁县民族中学的长期发展规划、学校文化建设、课程体系建设、治理体系建设、课堂改革、教师成长等方面持续关注，及时沟通，适时给予指导；还将定期带队赴冕宁县民族中学考察、交流，为其提供力所能及的帮助；此外，还将与凉山州相关部门进行对接，组织选拔凉山州优秀教师来校培训学习，选拔优秀学生来校进行研学，充分发挥保定市美术中学和教师的辐射带动作用。

B.13
以美育人·乡村中学教育
困局破解之路初探

——以江苏省宜兴市徐舍中学为例

张旻 赵丹 何渊*

摘　要：　乡村中学是地区教育工作的重要组成部分。近年来，随着城市化进程的不断加快，乡村中学面临着生源数量减少、生源质量下降、教师职业倦怠加剧的问题，种种问题形成恶性循环，造成乡村教育的困局。本报告以江苏省宜兴市徐舍中学为例，介绍该校"以美育人"教育理念对破解乡村教育困局之路的探索。徐舍中学的有效探索，最终表明在目前乡村中学多个方面存在劣势的情况下，通过提炼、认知、落实学校性教育理念，建立有自身特色的学校教育，是破解乡村教育困局的一条可行之路。

关键词：　教育理念　以美育人　乡村中学

徐舍中学创建于1941年，前身是私立苏南中学，是一所具有深厚历史底蕴的初高中一体的完全中学。学校位于宜兴西北部徐舍镇，地区经济相对欠发达，是一所典型的江南地区乡村中学。学校在七十年的办学历史中，创

---

* 张旻，江苏省宜兴市徐舍中学校长、高级教师；赵丹，江苏省宜兴市徐舍中学副校长、高级教师；何渊，江苏省宜兴市徐舍中学教科室副主任、高级教师。

造了一次又一次的辉煌，在培养的学生中涌现出以丁荣军院士为代表的一批杰出人物，学校也顺利发展成为宜兴市的乡村名校。

从 2015 年开始，徐舍中学的发展之路遭遇了困境，具体表现为以下几点。首先，受招生政策变化影响，学校生源数量减少，生源质量下降。其次，受撤校并校政策影响，学校教师队伍扩大，严重超编，无法补充新教师，教师队伍年龄偏大，年龄结构老化。最后，受地区财政财力限制，学校教学设施设备更新缓慢，部分设施落后。

学校发展的困境也直接影响到了学校教师。教师群体的职业困惑感增强，职业倦怠明显加剧，具体表现为以下两方面。首先，教师对自身的职业认同感下降，专业发展动力不足。教师队伍中愿意主动担任班主任的教师减少；对学校组织的教科研工作热情不足，愿意承担课题研究相关工作的教师减少；对与教师专业发展的相关活动参与度下降，如三优课赛教、教学新秀能手评比、教学论文竞赛等。其次，生源质量的下降导致教师的教学难度急剧上升，一些原本教学成绩突出的教师的教学投入与教学成果不成正比。长此以往，教师的教育热情下降，对教学工作投入程度降低，学校整体教学成绩提升缓慢。

教师队伍的变化进一步加深了学校的困局，家长及社会对学校的信任度降低，任其发展必将形成恶性循环。因此，学校如要健康发展必须直面问题，寻求破局之路。

一　欲破困局，先明其因

学校在感知到教育困局的存在后，立刻开始了对破局之路的探索。欲破困局，先明其因。学校通过教师座谈会、问卷调查、专家研讨等形式开展了一系列的活动，试图明确教育困局特别是教师队伍问题的形成原因。最终，通过调查分析总结归纳，我们认为教师队伍问题的形成原因主要有以下几个方面。

1. 学校生源数量与质量的下降，导致教师在教学过程中遇到的压力逐渐增大

特别是一些事业心、责任心比较强的教师，在教学活动中虽然付出了更

多的努力，但是教学效果与教学目标之间仍然存在差距，教师很难获得教育成就感，而学校的教师综合评价机制也相对落后，这又进一步增强了教师教学的挫败感，最终损害了教师的教育热情。

2. 教师队伍年龄结构老化与新课改要求之间存在矛盾

为了优化教育资源配置，从 2009 年开始，乡镇地区实行了中小学撤校并校政策，在几年时间里，徐舍中学先后合并了 4 所乡村初中学校，教师队伍年龄结构迅速老化。同时因为撤校并校，学校教师严重超编，无法引入年轻教师，教师年龄层次出现断层。老教师们拥有丰富的教学经验，但也经常过度依赖于教学经验，对新生事物接受相对较慢。新课改的广泛开展，新教育理念对学科教学的深入渗透，扩大了老教师们的劣势，使之在教育教学中产生失落感并对自我进行否定，甚至部分教师对新课改产生了抵触情绪，这进一步加剧了教师队伍存在的问题。

二 已明其因，再探其路

既然明确了教师队伍问题产生的原因，那么接下来的主要工作就是探索破局之路。学校整合自身的优劣势，通过专家调研、理论研究、实践尝试等方式，最终确定将学校的教育理念——"以美育人"理念的提炼、认知与落实作为探索破局之路的关键。

什么是教育理念？王冀生先生在《现代大学的教育理念》一文中分析教育理念与教育思想、教育规律的联系和区别时，给教育理念下了这样的定义："教育理念则是人们追求的教育理想，它是建立在教育规律的基础之上的。"他又补充说明道："科学的教育理念是一种'远见卓识'，它能正确地反映教育的本质和时代的特征，科学地指明前进方向。"当然，"教育理念并不就是教育现实，实现教育理念是一个长期奋斗的过程"。

"以美育人"理念是学校在综合评估了徐舍镇地区和徐舍中学的实际情况后，经过严格的理论研究和专家论证，针对学校面临的教育困局和今后的发展道路而提出的，具有极强的可操作性。

徐舍镇，是中国陶都宜兴西部最大的门户镇，也是连接宜兴市和溧阳市的中心节点。徐舍镇拥有历史悠久的艺术文化传统，刻纸、唱春等民间文化艺术活动影响尤为广泛。同时作为江南水乡的代表性地区，徐舍镇自然风景优美，乡村文化艺术活动丰富多彩，拥有丰富的美育教育资源。

徐舍中学在美育教育方面有优良的传统并取得了优异的成绩。从2008年开始，徐舍中学抓住教育发展机遇，充分利用徐舍镇地区的美育教育资源，开展了以刻纸、书画、舞蹈等内容为核心的一系列校本教育教学课程，并以此为契机大力发展艺术教育。学校艺术班学生刻苦努力，在高考中连创佳绩，为学校发展做出了巨大贡献。

徐舍中学在教师及学生群体中曾经广泛开展美育理念培训与教育，有助于"以美育人"教育理念的落实。为了有效推进学校的艺术教育工作，学校曾经多次邀请专家莅临指导，对开展的活动广泛进行宣传，在教师和学生群体中推广美育理念。

三　即明其路，重在落实

徐舍中学明确将"以美育人"教育理念的提炼、认知和落实作为探索破局之路的关键，接下来的重点工作就是强化"以美育人"理念的认知和落实。

为了帮助和促进师生更好地认知"以美育人"的教育理念，学校开展了"什么是美，什么是美育"的大讨论活动。通过活动，帮助师生对美和美育形成理论共识。

关于对美育的认识。美是一个十分宽泛的概念，在历史发展长河中，有许多著名的历史人物都对"什么是美"发表过不同的意见。

在学校教育阶段，我们最主要的是建构对心灵美的认知。心灵美是人的本质力量的集中体现，是人类长期社会实践的产物，在教育、学习以及同假、恶、丑的斗争中形成和发展，受特定时期的生产方式、生活方式、社会制度、道德准则、文化发展状况的制约。

美育，又称美感教育，即培养人们认识美、体验美、感受美、欣赏美和创造美的能力，从而使我们具有美的理想、美的情操、美的品格和美的素养。

中国学校的美育是为建设社会主义精神文明和培养学生心灵美、行为美服务的。通过美育可以促进学生的德、智、体的发展。它可以提高学生思想，发展学生道德情操；它可以丰富学生知识，发展学生智力；它可以增进人们的身心健康，提高体育运动的质量；它可以鼓舞学生热爱劳动、劳动人民，并进行创造性的劳动。

关于美育的落实。在充分讨论形成理论共识的基础上，学校以"以美育人"理念为核心，开展了"发现身边的美"系列活动，通过活动带动理念的具体落实。

首先，学校结合市教育局"最美乡村教师"、市团委"最美中学生"等评选活动，以班级、年级组、教研组为单位开展"最美学生""最美教师"的评选活动。通过学生评比、教师评比、师生互评等形式扩大活动的参与度，又通过候选人展示、家长评议等形式扩大活动的影响力。规模宏大、形式多样的活动在吸引教师学生积极参与的同时，也引起了学生家长与社会的广泛关注，有效地提高了学校的声誉度。经过严格的评选，学校的两位教师被评为"宜兴市十佳最美乡村教师"，部分同学被评为"宜兴市最美中学生"，在社会和家长中形成良好的反响，学校知名度进一步提高。

其次，在第一阶段活动初见成效的基础之上，学校趁热打铁，进一步提出"一枝独放不是春，百花齐放春满园"的要求，把"最美学生""最美教师"的评比从个体发展到群体，从学生个体发展到班集体，从教师个人发展到年级组、教研组。学校继续开展"最美班集体""最美宿舍""最美年级组""最美教研组"的评选活动。为了增强活动的透明度和公正性，在总结第一阶段活动的经验教训基础上，学校对顶层制度进行了设计，用制度来保证活动的公平公正公开，提高公信力。学校先后制订了《徐舍中学"最美"系列活动工作流程》《徐舍中学"最美"系列活动公示制度》《徐舍中学"最美"系列活动评比办法》等一系列制度，这些制度有效保障了系列活动的正常开展。

为提高教师参加活动的积极性，学校制订了《徐舍中学"最美"系列活动奖励办法》，遵循"重视精神奖励，辅助物质奖励"的基本原则，通过适度的奖励，激励教师积极参与活动。通过系列活动，特别是系列活动中的师生互评、师生互赞等活动，加深了师生间的了解及情感。许多教师在活动后反映找到了久违的教育成就感，对学生的认知有了明显的改善。

再次，为确保系列活动的可持续性，学校重新制定了《徐舍中学教师综合考评办法》《徐舍中学学生综合评价表》，将教师的提优补差工作、教科研工作，教师个人职业发展，学生的集体活动参与度、劳动表现等内容纳入教师学生综合评价体系，明确规定参与"最美"系列活动评比的教师或学生排名必须在相应群体的前 20%。综合评价每年开展一次，相关的评分及材料在全校范围内公开，接受教师、学生及家长的监督，确保活动能够持续有效开展。例如在提优补差方面，学校在每学年初，根据教师任教情况及相关班集体实际情况，与教师协商组建提优补差学习小组，明确人员，制定目标，以学期为单位进行考核，目标达成度 30% 为合格、60% 为良好、90% 为优秀，在教师综合考评分中相应加 3 分、6 分、10 分。在教师个人职业发展方面，学校明确提出鼓励符合条件的教师积极参加无锡市、宜兴市的各类荣誉评比及教学比赛，如无锡市、宜兴市级的教学新秀、能手、学科带头人的评比，各级各类的赛教、基本功竞赛、论文课件比赛等，并明确指定了由学校教科室做好相应的后勤服务保障工作，为参评参赛的教师提供各类帮助。对于取得无锡市级、宜兴市级荣誉的教师在综合考评分中，分别加 5 分、10 分。

最后，在做好校内活动组织工作的同时，学校也积极开展各类宣传工作，扩大活动影响力，展示学校优势，提高学校美誉度，吸引更多生源，加强家长群体对学校工作的有效配合。在"最美"系列活动开始之初，学校就积极邀请社会力量和家长群体广泛参与。例如在"最美乡村教师"和

"最美中学生"评比的学校评比阶段，学校邀请了徐舍镇教育科、镇团委、学校家长委员会成员莅临指导并担任社会评委。在活动告一段落后，学校又积极组织家长座谈会，邀请家长代表对学校活动进行评价，提出建议。在活动过程中，学校制定的相关制度措施，除了经过校教代会通过外，还邀请家长委员会成员进行审议，提出修改建议，确保学校组织的活动能获得家长的认同，提高家长的参与感。

在"最美"系列活动每一阶段结束后，学校积极通过媒体报道、微信群、QQ群等形式及时向家长及社会进行宣传，有效提高了活动的影响力。

四 是否破局，效果说话

从2017年开始，学校明确将"以美育人"教育理念的提炼、认知及落实作为突破学校教育困局的关键之路，开展"最美"系列活动，学校的各个层面都开始有了可喜的变化，效果十分明显。

1. 教师教育热情提升明显，学校教育成果显著

从"最美"系列活动开展以来，教师对学生的认知更加全面，抱怨生源质量差的教师越来越少，教师群体的工作热情越来越高，对提优补差工作的投入也越来越多。例如，学校徐春泉老师作为高三数学教师，承担两个理科班教学任务并担任班主任，虽然工作十分繁忙，但仍然坚持利用一切可以利用的时间进行提优补差工作，每年都保质保量完成提优补差工作，所带毕业班高考成绩常年名列前茅，得到学生、家长、学校、社会的一致认可。学校赵丹副校长，主动要求承担高三年级两个毕业班的语文学科教学工作，虽然行政工作十分繁杂，但是坚持完成学校提优补差任务，教学成果突出。在这些先进教师典型的引领之下，学校教师群体基本摆脱教师职业倦怠状况。近年来，学校主动要求担任班主任的教师人数上升明显，学校教师管理工作开展顺利，学校的教学成果也日渐显著。2017年以来，学校在高考层面每年都能实现100%的本科率，学生录取院校状况

提升明显；在中考层面每年都能超额完成市教育局下达的教学任务；在高分考生方面，高分考生人数不断上升。

2. 教师职业发展成果喜人

学校建立、落实了一系列促进教师个人职业发展的制度和措施，学校教师在个人职业发展方面投入的精力也越来越多，成果显著。首先，在培养教学骨干方面，近年来，学校有 20 多位教师积极参与无锡市、宜兴市教学新秀和教学能手的评比，都取得了相应的荣誉称号，徐舍中学教师队伍教学骨干比例不断提高，目前已经超过了 30%。其次，在提升教师教学能力方面，学校每年都组织大量教师参加无锡市、宜兴市各级各类教学竞赛活动，获得竞赛一等奖的人数也不断增加，有效促进了学校课堂教学水平的系统提升。再次，在学校教学科研方面，徐舍中学有 4 位教师积极申报无锡市级个人规划课题并顺利开题，他们的成功有效带动了学校教科研氛围，目前学校每年都有 100 多篇教学论文在各类论文竞赛中获奖或在各类教育期刊上发表。

3. 学校社会影响力扩大，美誉度提升

从"最美"系列活动开展之初，学校就坚持邀请社会力量和家长群体广泛参与。随着活动开展的不断深入，活动效果逐渐显著，社会力量和家长群体对学校的认可度也不断提升。学校与博雅闻道（北京）考试与评价技术研究院达成战略合作伙伴关系，与江苏省南京"无形画室"合作办学，从高考培优、教育实验基地建设、省内外知名中学合作交流基地建设、美术特色办学、课题合作等方面开展战略合作，致力于学校特色发展，打造"江苏省美术特色高中"。同时，宜兴地区高中教育领头羊——江苏省宜兴中学也主动与徐舍中学搭建联合发展机制，建立教育集团，共同推进美术教育。学校发展蒸蒸日上，这进一步提高了家长群体对学校的认可度。近年来，越来越多的高质量生源加入，为学校的后续发展提供了无限的潜力。

综上所述，在经历了认知、探索、落实、反思一系列过程后，我们认为在目前乡村中学多个方面存在短板的情况下，通过提炼、认知、落实学校教育理念，建立有自身特色的学校教育，是破解乡村教育困局的一条可行之路。

参考文献

王冀生：《现代大学的教育理念》，《辽宁教育研究》1999 年第 1 期。

周德昌主编《简明教育辞典》，广东高等教育出版社，1992。

B.14
厚植育人情怀 助推课程改革

——以山东金榜苑文化传媒集团的教育服务为例

郝润生　赵永保*

摘　要： 新课程方案及学科课程标准在修订过程中深入总结了21世纪以来中国普通高中课程改革的宝贵经验，充分借鉴了国际课程改革的优秀成果，努力将普通高中课程方案和课程标准修订成既符合中国实际情况，又具有国际视野的纲领性教学文件，构建具有中国特色的普通高中课程体系。中学教师教学实践面临新的挑战，教师的角色与职能发生转变，传统课堂学习模式已经变革，考核与评价体系也重新进行了构建。教育服务企业对此积极应对，转变产品研发理念，增强教育服务功能，把教育使命始终扛在肩上，依托科技力量，助力中国教育事业的腾飞。

关键词： 课程改革　课程标准　教育服务

党的十九大明确提出要全面贯彻党的教育方针，落实立德树人根本任务，发展素质教育，推进教育公平，培养德智体美劳全面发展的社会主义建设者和接班人。基础教育课程承载着党的教育方针和教育思想，规定了教育目标和教育内容，是国家意志在教育领域的直接体现，在落实立德树人这一

---

* 郝润生，正高级教师，全国优秀教师，语文特级教师，高考备考专家，首倡"以写作为中心的审美性复习新模式"；赵永保，高中教辅行业领军人物，荣膺"教辅金牌策划编辑"称号。

根本任务中发挥着关键作用。

普通高中课程方案和课程标准必须在教育教学实践中接受检验，不断完善。

2013 年，教育部启动了普通高中课程修订工作，本次修订是深化普通高中课程改革的重要环节，直接关系育人质量的提升。

一　课程方案及学科课程标准的修订

（一）修订工作的指导思想和基本原则

本次课程标准的修订以马克思列宁主义、毛泽东思想、邓小平理论、"三个代表"重要思想、科学发展观、习近平新时代中国特色社会主义思想为指导，深入贯彻党的十八大、十九大精神，全面贯彻党的教育方针，落实立德树人根本任务，发展素质教育，推进教育公平，以社会主义核心价值观统领课程改革，着力提升课程思想性、科学性、时代性、系统性、指导性，推动人才培养模式的改革创新，培养德智体美劳全面发展的社会主义建设者和接班人。

（二）修订的主要内容

1. 课程方案

（1）进一步优化了课程结构

一是保留原有学习科目，调整外语规划语种，在英语、日语、俄语基础上，增加德语、法语和西班牙语。二是将课程类别调整为必修课程、选择性必修课程和选修课程，在保证共同基础的前提下，为不同发展方向的学生提供可供选择的课程。三是进一步明确各类课程的功能定位，与高考综合改革相衔接。必修课程根据学生全面发展需要设置，全修全考；选择性必修课程根据学生个性发展和升学考试需要设置，选修选考；选修课程由学校根据实际情况统筹规划开设，学生自主选择修习，学而不考或学而备考，为学生就业和高校招生录取提供参考。

（2）强化了课程有效实施的制度建设

进一步明确课程实施环节的责任主体和要求，从课程标准、教材、课程规划、教学管理，以及评价、资源建设等方面，对国家、省（自治区、直辖市）、学校分别提出了要求。增设"条件保障"部分，从师资队伍建设、教学设施和经费保障等方面提出具体要求。

2. 学科课程标准

（1）凝练了学科核心素养

为建立核心素养与课程教学的内在联系，充分挖掘各学科课程教学对全面贯彻党的教育方针、落实立德树人根本任务、发展素质教育的独特育人价值，学科课程标准基于各学科本质凝练了本学科的核心素养，明确了学生学习该学科课程后应具有的正确价值观念、应养成的必备品格和应具有的关键能力，对知识与技能、过程与方法、情感态度与价值观三维目标进行了整合。

（2）更新了教学内容

进一步精选了学科内容，以学科大概念为核心，使课程内容结构化，以主题为引领，使课程内容情境化，促进学科核心素养的落实。结合学生年龄特点和学科特征，课程内容全面贯彻习近平新时代中国特色社会主义思想，有机融入社会主义核心价值观、中华优秀传统文化、革命文化和社会主义先进文化教育内容，努力呈现经济、政治、文化、科技、社会、生态等发展的新成就、新成果，充实培养学生社会责任感、创新精神、实践能力等的相关内容。

（3）研制了学业质量标准

明确了各学科学生完成本学科学习任务后学科核心素养应该达到的水平要求，学生的各学科核心素养水平构成评价学业质量的标准。引导教学更加关注育人目的，更加注重培养学生核心素养，更加强调提高学生综合运用知识解决实际问题的能力，帮助教师和学生把握教与学的深度和广度，为阶段性评价、学业水平考试和升学考试命题提供重要依据，促进教、学、考有机衔接，形成育人合力。

（4）增强了指导性

本着为编写教材服务、为教学服务、为考试评价服务的原则，突出课程标准的可操作性，切实加强对教材编写、教学实施、考试评价的指导。修订后的课程标准通俗易懂，逻辑更清晰，原则上每个模块或主题由"内容要求""教学提示""学业要求"组成，大部分学科增加了教学与评价案例，同时依据学业质量标准细化评价目标，增强了对教学和评价的指导性。

二　中学教师教学实践中面临的新挑战

（一）信息时代对以教师为主体的教学方式的挑战

在传统教学中，作为教学活动主体之一的教师，是知识的权威，扮演着知识的占有者与传授者、教学任务的执行者以及教学控制者等角色。进入信息时代，教师的角色以及所需具备的能力都发生了变化。具体说来，信息时代教学活动中教师的角色与职能发生了以下转变。

1. 由知识的权威向"平等中的首席"转型

新课改对师生关系中的教师提出了新的要求，教师不再通过"灌输"与"说教"的方式去传递被认为是独一无二的和唯一"正确"的知识，教师不再是知识的权威，而是"平等中的首席"。建立一种民主、平等的师生关系，将过去让学生积累和掌握知识的目标，调整为培养学生的建构力、想象力、批判力和创造力，最终把学生培养成为"生成知识的人"。

2. 由单一的知识传授者向学生全面发展的促进者转型

信息时代，教师作为知识传授者的概念并没有改变，时代的发展使它的内涵更加丰富。这就要求教师不仅要向学生传授具体的学科知识，更要教会学生学习的方法。教学目的不仅要关注学习者学习的结果，也要关注学习的过程。教师要注重通过加强教学设计与创设教学情境的方式，为学生提供更多的直接经验，促进学生形成创新意识。此外，不仅要注重开发学生的智力潜能，更应关注非智力因素对学生的影响，促进学生个性和人格的全面和谐发展。

3. 由被动的"教书匠"向主动的教学反思者转型

"教书匠"信奉"经验主义"的教学原则，强调"书本中心"的教学方式，采用"灌输主义"的教学手段。信息时代要求教师由传统教育中被动的"教书匠"转变为主动的教学反思者，就教育领域而言，反思是指教师勇于和善于对自己的教育实践做出严肃的内省，敢于正视自己的短处，努力探索补救途径，又擅长总结自己或同行成功的教育经验，从中提炼出某种可供借鉴、蕴含着推广价值的精神，为模式创新、理论突破夯实根基。

4. 由教学控制者向学习活动的设计者、组织者、引导者和参与者转型

一方面要改变传统教学中学生消极被动地接受知识的状态，把教学视为学生通过自主活动建构学习意义的过程，使学生真正成为知识意义的建构者；另一方面要改变教师单向传递知识的教学行为，树立以活动促发展的教学观念。教师不再是传统教学中教学过程的控制者、教学活动的支配者、教学内容的制定者和学生学习成绩的评判者，而是学习环境的设计者、学生自主学习活动的引导者、组织者和参与者。

（二）日新月异的社会、科技发展对传统课堂学习方式的挑战

随着当代科学技术的快速发展和在教育中的应用，传统的课堂学习方式受到了前所未有的挑战。多媒体教学设备的应用、中小学校园网的建设和发展极大地改变了传统的教学环境，也对以课堂语言讲授为主的传统教学模式产生重要的影响，并进一步引起传统教学观念的变革，有助于构建起全新的现代教学观念体系。

1. 多媒体教学将转变受教育者的学习观念

多媒体教学占据主导地位以前，传统教学注重教师的言传身教，以教师的经验及人格魅力作为学生学习的潜在影响因素。而多媒体教学树立的是以学生为本的教育理念，着重培养的是学生的创新意识、创新思维、创新能力，使学生学习朝"以科学研究为导向，以人文精神为支撑，以回归学习本性为落脚点"的方向发展。在重视学生自主学习、实现学生主体地位的同时，多媒体教学已经深入人心。

2. 多媒体教学将转变学生的学习方式

在传统应试教育体制下，学生通过大量机械性练习来巩固书本知识体系，学生学习的主要精力用在演算习题上，缺乏解决实际问题的能力。在多媒体教学的影响下，学生以"自主、合作、探究"为特征的主动建构方式学习，以了解生活中的实际问题、研究解决实际问题为学习的根本出发点和落脚点。在课堂学习中，学生可以利用计算机网络信息，解决与生活密切相关的实际问题。

（三）课程改革新要求对地方学校教学考核、学业评价的挑战

新形势下中学师生惯常适应的教学场景、条件、环境均发生了新的变化，学校的教学考核、学业评价也势必遇到新的现实考验与挑战。评价者应树立教学考核和学业评价的新观念：教学考核和学业评价不只是为凸显师生成绩，更是为了改进教育学习方式，为了促进学生全面发展；不是为了奖惩师生，而是为了激励师生。考核、评价改革应遵循以下原则。

1. 发展性原则

评价的根本目的是为了促进学生的全面发展，只有在这种原则基础之上，才能谈评价方法的革新、新的评价体系的建立以及具体的评价技术层面的问题等。

2. 激励性原则

每个学生都有自己的个性特点，只要发现自己的特长，并付出艰辛的努力，每个人都能成为优秀者。这就要求中学教师在对学生进行评价时，善于发现学生的个性、特长，并给予适当的鼓励，使得每一个学生都拥有自信心，都能找到自己发展的方向，从而得到全面健康的发展。

3. 全面性原则

教育的根本目的是为了促进学生的全面发展，既然是全面发展就不能只看学生的学习成绩，而应着眼于学生的整体方面。评价方式应该是多元的、全面的，在多元评价标准下，发现学生潜力，促进每一个学生全面发展。

三　新课程改革及新高考背景下教育服务企业的应对策略

（一）确定企业发展原则

为教育改革助力，服务课程改革，助力素养育人。作为科技教育集团，山东金榜苑文化传媒集团以服务教育为指导方针，努力把高质量的教育服务和新时期的教育思想推向全国，用优质的教育内容和先进的技术应用助推教育现代化。促进教育公平、提高教育质量、助力教育强国建设是山东金榜苑文化传媒集团始终不变的发展目标。

（二）学习课程改革精神，转变产品开发理念

随着新课程改革在全国各地的推进，"一切为了学生的发展"的核心理念逐渐深入人心，教师角色、学生地位以及教学手段随之转变，教育服务企业自然也要与时俱进，认真领会课程改革精神，及时转变产品开发理念，唯有如此，才能在竞争中立于不败之地。山东金榜苑文化传媒集团紧密结合当前新高考、新课标、新教材实际，从推进研发中心建设、强化大数据"校本化"应用、加强与高端智库的合作、拓宽教育产业链条四个方面做了高屋建瓴的规划，努力打造顺应时代发展趋势的产品和服务方案。

（三）强化校企结合，增强服务功能

山东金榜苑文化传媒集团依托各省市教研室，选定新高考改革省市排名前十的学校作为实验基地校，与之深度合作，立足名校名师，组建产品研发中心，进行专版研发，利用区位和人才优势，全力推进图书内容、形式、方法的创新，增强产品的针对性和实效性，让产品更接地气、更本土化，彻底解决产品研发不对路的问题，精准服务一线教学。

山东金榜苑文化传媒集团整合优势资源，全面优化升级产业结构，

构建教育服务发展新格局，与中国教育发展战略学会、博雅闻道考试与评价技术研究院、山东大学、曲阜师范大学等高端智库进行战略合作，开展教育论坛、研讨会等系列高端学术活动，助推集团大教育战略的品牌升级。与一线名校合作，共建集团清北人才培养基地。推荐优等生进入双一流高校夏令营，参与招生见面会，搭建与双一流高校的联系与交流平台，与区域学校深度融合。

为学校、为教育提供最好的服务是山东金榜苑文化传媒集团的一贯宗旨。多年来集团不断强化校企合作，努力实现双赢，这是集团持续发展壮大的法宝之一。

1. 为学校发展助力

集团多次组织专家教授深入多地学校进行新高考、新教材培训，为教师发展和提升教学质量助力。集团积极援助学校建设，对学校的优秀学子提供奖励，对贫困生进行资助。

2. 集团定期组织人员深入学校调研，听取一线师生的意见建议

集团定期组织人员深入学校调研，不断更新内容和版式，图书的更新率每年超过60%。聘请各地名师参与编写、审读。集团设有质量监管部，聘请全国各地600多名一线优秀教师审读把关，确保图书内容质量和编校质量。

3. 注重学校对图书使用情况的反馈，努力为学校师生提供个性化服务

各学科编辑部认真对待学校的反馈意见，营销人员则常年耕耘市场、服务学校，能第一时间提供周到细致的个性化服务，使用户的满意度不断提升，进而促进了市场占有率、覆盖率的持续提升。

（四）研究高考新政，用优质产品为千万学子服务

金榜苑始终把产品质量当作企业的生命来维护。与时俱进、不畏艰险、锐意进取、服务大众的信念已经融入每一位金榜苑人的血液中，从集团领导到每一个编审人员、一线营销人员，集团内人人都熟知新课程改革、新高考精神，都在用自己的辛勤付出和责任担当，源源不断地为中国的基础教育提

供更实用、更好用的优质的产品。

集团不断强化产品研发，深耕高考新政，继续提升"创新设计""步步高"丛书的内容质量、编校质量和科技含量，产品口碑越来越好；加强技术创新，迭代升级"91淘课"平台，研发建设了"新教育智能平台""大数据精准教学'校本化'解决方案""'金榜高中'生涯规划及志愿填报系统"等数字化产品，在融合发展的道路上阔步前行。

四　把教育使命扛在肩上——金榜苑文化传媒集团发展思考

（一）使命在肩，不忘初心

以"传承文明，服务教育"为宗旨，金榜苑文化传媒集团以德立道，立德树人，内修企业精神，不忘初心，牢记使命，外塑企业形象，强化社会责任。集团立足于中国教育这片沃土，全体金榜苑人使命在肩，努力践行"孺子牛""拓荒牛""老黄牛"精神，为振兴教育、繁荣文化默默耕耘，收获累累硕果。因教育而来，为教育奋进，集团始终致力于把优质的教育内容、先进的技术应用和新时代的教育思想输送到全国每一处学校，用不懈努力助力公平而有质量的教育的发展。

（二）精益求精，不断超越

金榜苑文化传媒集团产品以《新课程标准》《中国高考评价体系》和新高考理念为原则和尺度，以内容为根本，以科技为引领，以创新为灵魂，致力打造具备优质内容、融合科技、具备思想、体现灵魂的新生代教育图书。金榜苑文化传媒集团有全方位质量把控体系，有严格的质量保障机制。

信息专员机制：通过利用集团教育大数据库和市场走访调研，对学校需求、市场态势及读者回馈等信息进行研究分析，保证产品的每一系列、每一品种均符合教考实际和市场需求。

质量监管机制：集团设有产品监管部和质量审查部，聘请全国各地600余名一线高中优秀教师审读监管，重点监管产品内容和编校质量，确保产品符合教育教学实际和国家图书质量标准。

定稿审查机制：策划编辑人员负责对图书内容和体例设计进行审查，确保其符合《教学大纲》和《新课程标准》，符合国家政策和行业规范。

综合评价机制：该机制贯穿从策划选题到出库上市、使用反馈全过程，由调研、策划、编校、印制、发行、信息反馈、综合评估等多个子系统组成，旨在规范完善业务链条，优化工作流程，兑现质量承诺，确保产品良性发展。

（三）审时度势，灵活变通

新冠肺炎疫情下，为配合"线上"教学，集团集中技术力量，建立了电子图书馆，把"创新设计""步步高"丛书进行数字转化，陆续上传到电子书架，为"停课不停学"及全力打造"线上""线下"复合型教学服务。复工复产后，金榜苑文化传媒集团加大产品创新力度，立足于新高考改革、新教材使用和师生需求，研发推出《基础小题素养练》《晨读晚练》《练透》《3D笔记》及新课标大阅读系列——《乡土中国》《红楼梦》《古诗文全析全解》等产品，深受使用者好评。

（四）依托科技，助力腾飞

金榜苑文化传媒集团用大数据编写图书，与中国教育大数据研究院合作，建立了金榜苑基础教育大数据库，利用数据筛选资源，切实增强产品的科技性和针对性，因此集团产品研发始终保持旺盛的势头。在硬件方面，集团引进国内外最先进的印刷设备，高质量完成集团主流产品和应急产品的印刷任务；推进仓储中心智能化建设，引进10条智能化采集塑封联动线，首创智能化全自动数据采集塑封模式，开创了智能仓储新时代。

教师是学生学习发展的促进者，是课程的建设者和开发者，是教育教学的研究者。为教师赋能，为学生助力，让教与学更美好，是金榜苑文化传媒集团作为教育服务企业的使命与责任。与时俱进，与教和学俱进，引导、助力教师的教学，全面提升教与学的质量与效率，是金榜苑文化传媒集团矢志不渝的追求和宗旨。金榜苑文化传媒集团甘愿承担服务教育的责任，致力于为中国教育提供一流的思想、一流的产品和一流的服务，辅亿万师生教与学，助莘莘学子成栋梁。

Abstract

On March 6, 2021, General Secretary Xi Jinping visited members of the education and medical and health sectors who attended the fourth session of the 13th National Committee of the Chinese People's Political Consultative Conference (CPPCC), and attended a joint group meeting to listen to opinions and suggestions. At the joint meeting Xi Jinping pointed out in particular: "Teachers are the backbone of education. There are high-quality teachers, there will be high-quality education. To be a good teacher, we must be committed to teaching and educating people, have a love of education, the indifferency of fame and fortune, we must have the ideals and beliefs, moral sentiments, solid knowledge, and a loving heart. The majority of teachers of ideological and political theory courses, political to be strong, feelings to be deep, thinking to be new, vision to be broad, self-discipline to be strict, personality to be right. High-quality teachers have a fundamental role in the high-quality development of China's education, building a high-quality teaching force is an important grasp and key initiatives to promote the development of education and improve the quality of education, to achieve high-quality development of high school education, improve the overall quality of the teaching force is the way to go.

The general report section of this book summarizes and predicts the requirements for high-quality teacher development under the key role of morality education, the current status of research on evaluation and pathways of high-quality teacher development, the opportunities and challenges of high-quality teacher development in the "post-epidemic era," and the trends and directions of high-quality teacher development from a "general overview" perspective. The data section is based on the China Education Statistical Yearbook published by the

Ministry of Education from 2001 to 2018, and the "National Questionnaire Survey on High School Education Development 2020 – 2021" jointly organized by the High School Education Big Data Lab of Peking University School of Education and the High School Education Professional Committee of China Education Development Strategy Society. The data of "National Questionnaire Survey on High School Education Development" was conducted. Correspondingly, quantitative analysis research was conducted on topics such as the scale and structure of high school teacher development, high school teacher training needs, and the professional development characteristics of high school teachers in county areas in China. The case chapter section selected various types of education organizations with typical characteristics, such as various types of high-quality high schools, county high schools, rural high schools, private high schools, arts high schools, and education groups in China. Starting from key issues such as teachers' professional development, education poverty alleviation work, and party building work of the teaching force, we explore effective paths for high-quality development of China's education force.

Based on a combination of quantitative research and case and theoretical studies, the main findings are as follows: (1) In the context of the impact of the COVID-19 on the education system, teachers should actively adapt to the changes in education in the post-epidemic era and improve their overall quality. (2) In order to promote high-quality teacher development, a correct and effective teacher evaluation system should be constructed, and a new training model of "artificial intelligence + teacher excellence" should be explored to promote the construction of a high-quality teaching force. (3) The work stress and body-mental health condition of high school teachers to be concerned, whcih most of them concider self healthness at average or poor condition, and the average high school teacher group works about 12 hours a day on weekdays and 6 hours a day on weekends. (4) The structure of the county high school teaching force has been optimized and career stability is high, but at the same time there are problems such as the "aging" structure of teachers, difficulties in promoting young teachers, and low salary standards. (5) Teacher development and promotion and incentive mechanisms should be further optimized. Most high school teachers are satisfied with their current jobs and agree that they can get satisfaction from their work, but they think that the career development prospects of teachers are average. The results indicate that the high school teaching profession is more attractive to women, but less attractive to highly educated and top talent. (6) In terms of teachers' training needs, the most urgent need for high school teachers in China is to improve their ability to develop and utilize curriculum resources; most teachers have a low opinion of their teaching and research ability, and lack of time and pressure of teaching tasks are the main problems faced by high school teachers in conducting research; teachers prefer the training format of once every three months, once for half a day, with experts and subject master teachers coming to school for lectures and seminars. (7) Due to the influence of location and economic factors, county high schools have "congenital deficiencies and weaknesses" compared with urban high schools, especially the problem of sustainable development of teachers. The problems are concentrated in the difficulties of recruitment, retention and progress, which should be solved from the perspective of teacher training, practice and sense of belonging. (8) Party building work of high school teachers plays an important role in promoting teachers' professional development and improving the level of education and teaching in schools. It helps to provide clear directions for teachers' teaching work, contributes positive energy to teachers' morality education work, and provides positive motivation for teachers' daily work. The Party building work in high school should be combined with morality education, theoretical education, practical cultivation and institutional regulation, and the Party building work methods combined with the needs of Party members.

Keywords: High School Education; Faculty Development; Education Equilibrium

Contents

I General Report

Abstract: Teachers are the cornerstone of education, and the building of high-quality teachers is an important starting point and key measure to promote education development and improve the quality of education. The only way to achieve the high-quality development of high school education is to improve the overall quality of teachers. The fundamental part of cultivating talents in the new era lies in "cultivating people by virtue". As the key role in cultivating talents, the high-quality development of-teachers is very important. Since the end of the 20th century, the CPC Central Committee and the State Council attach great importance to the development of quality education and the construction of teachers, and have issued a series of relevant policies on the development of teachers, taking improving the quality of teachers as an important link in promoting the development of education. This paper reviews the evaluation mechanism and path of high-quality development, and summarizes the shortcomings of the past, arguing that teachers should actively adapt to the changes of post-epidemic education and improve their comprehensive quality. In the teacher development system, the professional development is the key to develop the correct and effective training mode of AI + teachers and promote the construction of high-quality teachers.

Keywords: High School Education; Faculty Development; High Quality Development

II Data Reports

B.2 The Scale and Structure of Teacher Development in China's High Schools in the 21st Century

Wang Tianjiao, *Lei Dongming* / 019

Abstract: This paper makes a brief analysis of the scale and structure of the development of senior high school teachers in China since the new century, including the basic scale changes of three types of high schools, such as general high school, vocational high school and adult high school, and focuses on the analysis of the gender structure, people structure, age structure, urban and rural structure, regional structure and educational background structure of the full-time teachers in general high schools. The paper finds that the education in China has been greatly developed since the new century, the overall scale of ordinary high school has been growing continuously, the scale of vocational high school has experienced the process of rising first and then falling, while the scale of adult high school has been shrinking; The problems of imbalance of urban and rural development and regional development of high school education are prominent. Urban high schools have made great progress, rural high schools are relatively declining, and the scale of high school education in the middle and West has been developed, but there is still a big gap with the East; The structure of teachers' team is constantly optimized, the overall quality of the teachers is improving, the educational structure and gender structure are optimized, but there are also problems such as the aging of the teacher structure and the difficulty of the promotion of young teachers.

Keywords: High School Teachers; Teacher Scale; Teacher Structure

B.3　Survey Report on Training Demands of Chinese Senior High
　　　School Teachers（2020 −2021）

Zhang Sisi，Guo Junying ∕ 042

Abstract： Against the backdrop of deepening of education reform，specifying the specific demand of senior high school teachers for training activities helps relevant departments carry out training activities effectively and boost development of teachers. Findings： Among professional capacities of senior high school teachers， the most urgent thing is to improve their curriculum resource development and utilization capacity. Most teachers have low evaluation on their teaching and scientific research abilities. Senior high school teachers' major problems in scientific research are lack of time and great pressure in face of teaching tasks. Teachers prefer training in the form of lectures offered by experts and famous discipline teachers at school， and such training should be offered one time every three months， with half a day for every time.

Keywords： Senior High School Teacher； Training Demand； Curriculum Resources

B.4　Analysis of the Occupational Development Characteristics of
　　　County-level High School Teachers（2020 −2021）

Chen Qiran，Zhang Sisi and Wang Tianjiao ∕ 072

Abstract： The development of high schools at county-level is a crucial part of China's education reform. As an important participant in the reform， the career development of county-level high school teachers directly affects the process and effectiveness of the reform. This paper analyses the characteristics of teachers' career development in county areas at current stage from three aspects： the structural characteristics、career satisfaction and career expectations. The gender structure and age structure of the county level high school teachers are relatively balanced； the structure of professional titles is basically well configured; and the level of teachers' education qualifications needs to be further improved. The overall satisfaction of teachers' promotion and remuneration is low, and there is low level of satisfaction with remuneration criteria for teachers at county level. Teaching positions provide a high sense of occupational security for practitioners based on job developmental stability and the higher social status.

Keywords: County-Level High Schools; Career Development of Teachers; Faculty Structure

III   Case Studies

B.5   Research on the Role of Party Building in Promoting
Teachers' Professional Development
—*Take the Party Branch of the High School Affiliated to University*
of International Business and Economics as an example

Xu Wei / 088

Abstract: The Party building of high school teachers plays an important role in promoting the professional development of teachers and improving the level of school education and teaching. It helps to clarify the direction of teaching, contribute positive energy to the moral education and provide positive impetus for the daily work of teachers. In order to play the role of party building in promoting the professional development of high school teachers, we should strengthen theoretical learning to enhance teachers' learning and innovation ability, deepen the practice process to cultivate teachers' responsibility ability and standardize the system construction to strengthen teachers' organizational and disciplinary ability. Based on the above measures, the High School Affiliated to UIBE has made solid progress in Party building and achieved outstanding results in teacher professional development. At present, we should pay attention to three combinations in promoting the Party building work in senior high schools: the combination of Party building work and moral education, the combination of theoretical education, practice cultivation and system norms, and the combination of the Party building work and the needs of Party members.

Keywords: Party Building; High School Teachers; Teacher Professional Development

B.6 A Study on the Character Cultivation and Connotation Enhancement of Teachers in the New Era

Zeng Junliang / 096

Abstract: Teachers in the new era should keep abreast of the times, reflect on the way forward, innovate and transcend, and strive for dedication. They should strive to change their concepts, cultivate their character, enhance their connotations, teach and educate people, and strive to become modern teachers with "ideal beliefs, moral sentiments, solid knowledge and a loving heart", and strive to cultivate socialist builders and successors who are fully developed.

Keywords: Elementary Education; Charming Education; Key Competencies; Core Literacy

B.7 Exploration of Practical Path Based on Teachers' Professional Development

—*Take Chengdu Shishi High School as an Example*

Zhao Qingfang, Hu Lin and Jiang Yuying / 109

Abstract: With the change of educational environment, the traditional teacher training mode can no longer meet the requirements of the times, showing many drawbacks. Chengdu Shishi high school through the survey found that the

197

existing school teacher training system is lack of personalization, practicality, evaluation system is not perfect. Facing challenges, the school actively reflects and combines with the actual situation, explores and reforms the path of teachers' professional development from four aspects: problem investigation, menu formulation, project implementation, assessment and evaluation, and has made a series of achievements. In the future, Shishi high school will more actively explore the ways of teachers' professional development, pay attention to school-based teaching and research, vigorously strengthen scientific research, effectively combine "dependent development" with "independent development", and create more and higher development platforms for teachers.

Keywords: Teachers' Professional Development; Demand Survey; Evaluation Institution

B.8 Keeping up the Pace of Elementary Education Reform and Innovating the Development Model of Intelligent Teachers in County High Schools

Liu Kaibo, Zhu Jian and Jin Zhizhong / 119

Abstract: Recently, the accelerating process of urbanization has hindered the development of county high schools. The phenomenon of "the recession of county high schools" is common throughout the country. As a county high school, Anning Middle School has devoted to building a high-quality school with distinctive characteristics, rich connotation and respect during its 15 years of growth, through precise targeting, facing up to problems, bucking the trend and making breakthroughs. During this process, owing to teachers' value led by advanced education concept and the initiative of the interaction between curriculum and teaching, Anning Middle School has forged a group of intelligent teachers featured with dedication, love and profession. Anning Middle School will continue to actively develop out-of-school resources in the future, create a diversified and rich curriculum system, strive to build a high-disciplinary area, build a training system for teachers in colleges and universities, use the "double new" implementation to train the backbone of teaching and scientific research team, guide students' development, build a career planning education implementation system, and enrich the "school-family-society" collaborative education mechanism.

Keywords: Education Reform; County High School; Smart Teacher

B.9   Guided by the school motto of "Honesty Leads to Success",
a Study of Reform and Innovation for High-quality Teacher
Professional Development
—*A Case Study of Lincang No.1 Middle School of
Yunnan Province*

Gao Jiayu / 130

Abstract: Promoting high-quality professional development of teachers is an inevitable requirement for teachers' improvement. Lincang No. 1 Middle School, a famous school in the frontier minority areas, has become a pioneer in fundamental education in underdeveloped areas through reform and innovation. Under the background of the New Curriculum Reform, there are many problems in the construction of the teaching faculty, such as fewer teachers with high academic qualifications, fewer national and provincial famous teachers, unbalanced discipline development, too many new teachers, the distinctions between the teachers' professional attainments, curriculum execution, ability of concentration, teaching habits and teaching thought from the requirements of the new era, which confronts us with a series of new challenges. Based on the current situation of the school, this paper elaborates on a series of countermeasures to promote the high-quality professional development of the teachers. First, under the guidance of the school motto, the teachers must grow through self-reflection by embracing honesty and avoiding sinister mentality. Second, the teachers must cultivate educational characters of being devoted, enthusiastic, professional, and industrious by embracing honesty and integrity as well as upholding passion for education careers. Third, the school must develop competent teaching faculty by taking honesty as the guiding principle and emphasizing good habits. Fourth, the door must be opened for teachers' growth by embracing honesty and establishing mechanisms. Fifth, the bottlenecks in curriculum development must be broken by initiating the construction of "first-class disciplines". Sixth, teaching proficiency must be improved by embracing honesty and cherishing a truth-seeking attitude. Seventh, in order to promote the professional development, the construction of "Digital Campus" and "Smart Campus" must be carried out by upholding sincerity and serious effort. Through the above measures, we have made remarkable achievements. In order to further deepen the construction of the teaching faculty, based on the current situation of the school, the author established a mechanism for the teachers' professional development with the characteristics of the new era, build a system to evaluate teachers' moral attainment, value orientation, teaching proficiency, organizational and managerial capacities, and professional development abilities. With upholding the guidance of the system, enhancing teachers' self-development and following the rules of the teachers' growth, the author aims to leapfrog high-quality professional development of the teachers.

Keywords: Teachers' Professional Advancement; Construction of the Teaching Faculty; High-Quality Development

B. 10   Dilemma and Practical Exploration of Sustainable Development

of County High School Teachers

—*Taking Gushi County Senior High School as an example*

Zhang Wenyou, Guo Huiru and Zheng Zulong / 141

Abstract: Affected by location, economy and other factors, county high
schools have "congenital deficiency, acquired weakness" and other objective
situations compared with urban high schools in the development, especially the
sustainable development of teachers is the most prominent problem. Gushi county
high school, senior high school as a typical in the sustainable development of the
teachers also facing difficult problems embodied in the recruitment, retention,
progress, etc. , under these difficulties, this paper expounds some coping
strategies in our school, and put forward the problem remains to be further
research.

Keywords: County High School; High School Teacher; Sustainable
Development of Teachers

B. 11   The Practical Research of Doubtful Teaching to Improve

Teachers' Accomplishment

—*Taking Nanyang No. 1 Middle School of Henan Province as*

an example

Yang Wenpu, Chen Ling and Wang Shiyu / 152

Abstract: Planting a seed of innovation and a seed of patriotism in the hearts
of thousands of children is the special mission of education in the new era to solve
the problem of "stuck neck" in our country in the long-term. This requires
teachers to not only guide students to question boldly, but also to face students
calmly and solve doubts; to guide students to patriotism and discipline, but also to

face students to set an example. In this context, how to improve the ability and moral quality of teachers has become a problem that needs to be solved urgently. In recent years, Nanyang No. 1 Middle School has actively carried out research on doubtful teaching practice, which has completely broken the traditional classroom teacher's presupposition and control of problems, and broke the "empty" preaching of class meetings. Teachers are afraid of being "asked" by students. Desperate learning to "recharge", thus realizing the teaching and learning, and ultimately winning a substantial improvement in the quality of education.

Keywords: Teacher Literacy; Doulotful Teaching; Teaching and learning

B.12   Research on the contribution of high school teachers from the perspective of poverty alleviation through education

—*Taking teachers in Baoding Fine Arts High School who had supported education of Liangshan as an example*

He Yuliang / 161

Abstract: Poverty alleviation by education is an effective way to block the intergenerational transmission of poverty, and teachers are the backbone of poverty alleviation. It is an important action of helping the poor through education that the high school teachers go to support education in the deep poverty-stricken areas of the "three districts and three states" countries. Three teachers of Baoding fine arts high school, responding to the call of the teacher work department of the Ministry of education to help Liangshan primary and secondary schools relying on the national training plan for principals, went to Mianning County National Middle School to support teaching. Three senior high school teachers have taught in Mianning ethnic middle school and carried out comprehensive planning and careful deployment on all levels of teaching and management by introducing the self-education governance concept of their own school as the vice principal of

Mianning ethnic middle school. It had promoted effectively the improvement of teaching ability and the overall environment of the school. In order to ensure the effectiveness of education poverty alleviation, they will follow up for a long time to ensure that the aid is in place.

Keywords: Poverty Alleviation Through Education; Self Education Governance System; Teacher's Contribution

B.13 Educating People through Aesthetics-A Preliminary Study on the Way to Solve the Educational Dilemma of Rural High schools

—A Case Study of Xushe High School in Yixing City,

Jiangsu Province

Zhang Min, Zhao Dan and He Yuan / 170

Abstract: Rural middle school education is a vital part in regional educational work. In recent years, rural middle school is facing the problems of recruiting less students with weak capability and having more teachers with a sense of job burnout. It is a vicious circle and has become an obvious predicament. Taking Xushe Middle School as an example, this paper introduces the concept of aesthetic education seeking to solve the current situation. We found that, at such disadvantages, one of the approaches is to confirm the educational concepts of our own and to build the education system with its own characteristics.

Keywords: Educational Concept; Aesthetic Education; Rural Middle School

B.14　Rooted in educational compassion and Promoting curriculum reform

　　—*Education Service Documentary of Shandong Jinbangyuan Culture Media Group*

Hao Runsheng，Zhao Yongbao ∕ 179

Abstract：New curriculum and the revision of curriculum standard have summarized the valuable experience of ordinary high school curriculum reform in China in the 21st century, fully drawing lessons from outstanding achievements in the international curriculum reform. Efforts will be made to make the ordinary high school curriculum plan and revision of curriculum standard into a guiding teaching file which not only conforms to the actual situation in our country, but also has an international vision, and construct the ordinary high school curriculum system with Chinese characteristics.

The teaching practice of middle school teachers is facing new challenges, the roles and functions of teachers have changed, the traditional classroom learning mode has been changed, and the assessment and evaluation system has been newly constructed. Educational service companies actively responded by changing product R&D concepts, enhancing educational service functions, always carrying the mission of education on their shoulders, and relying on scientific and technological power to help China's education take off.

Keywords：Curriculum Reform；Curriculum Standards；Education Service

权威报告·一手数据·特色资源

皮书数据库
ANNUAL REPORT(YEARBOOK)
DATABASE

分析解读当下中国发展变迁的高端智库平台

所获荣誉

- 2019年，入围国家新闻出版署数字出版精品遴选推荐计划项目
- 2016年，入选"'十三五'国家重点电子出版物出版规划骨干工程"
- 2015年，荣获"搜索中国正能量 点赞2015""创新中国科技创新奖"
- 2013年，荣获"中国出版政府奖·网络出版物奖"提名奖
- 连续多年荣获中国数字出版博览会"数字出版·优秀品牌"奖

成为会员

通过网址www.pishu.com.cn访问皮书数据库网站或下载皮书数据库APP，进行手机号码验证或邮箱验证即可成为皮书数据库会员。

会员福利

- 已注册用户购书后可免费获赠100元皮书数据库充值卡。刮开充值卡涂层获取充值密码，登录并进入"会员中心"—"在线充值"—"充值卡充值"，充值成功即可购买和查看数据库内容。
- 会员福利最终解释权归社会科学文献出版社所有。

数据库服务热线：400-008-6695
数据库服务QQ：2475522410
数据库服务邮箱：database@ssap.cn
图书销售热线：010-59367070/7028
图书服务QQ：1265056568
图书服务邮箱：duzhe@ssap.cn

社会科学文献出版社 皮书系列
SOCIAL SCIENCES ACADEMIC PRESS (CHINA)

卡号：573437346923

密码：

S 基本子库
SUB DATABASE

中国社会发展数据库（下设12个子库）

整合国内外中国社会发展研究成果，汇聚独家统计数据、深度分析报告，涉及社会、人口、政治、教育、法律等12个领域，为了解中国社会发展动态、跟踪社会核心热点、分析社会发展趋势提供一站式资源搜索和数据服务。

中国经济发展数据库（下设12个子库）

围绕国内外中国经济发展主题研究报告、学术资讯、基础数据等资料构建，内容涵盖宏观经济、农业经济、工业经济、产业经济等12个重点经济领域，为实时掌控经济运行态势、把握经济发展规律、洞察经济形势、进行经济决策提供参考和依据。

中国行业发展数据库（下设17个子库）

以中国国民经济行业分类为依据，覆盖金融业、旅游、医疗卫生、交通运输、能源矿产等100多个行业，跟踪分析国民经济相关行业市场运行状况和政策导向，汇集行业发展前沿资讯，为投资、从业及各种经济决策提供理论基础和实践指导。

中国区域发展数据库（下设6个子库）

对中国特定区域内的经济、社会、文化等领域现状与发展情况进行深度分析和预测，研究层级至县及县以下行政区，涉及省份、区域经济体、城市、农村等不同维度，为地方经济社会宏观态势研究、发展经验研究、案例分析提供数据服务。

中国文化传媒数据库（下设18个子库）

汇聚文化传媒领域专家观点、热点资讯，梳理国内外中国文化发展相关学术研究成果、一手统计数据，涵盖文化产业、新闻传播、电影娱乐、文学艺术、群众文化等18个重点研究领域。为文化传媒研究提供相关数据、研究报告和综合分析服务。

世界经济与国际关系数据库（下设6个子库）

立足"皮书系列"世界经济、国际关系相关学术资源，整合世界经济、国际政治、世界文化与科技、全球性问题、国际组织与国际法、区域研究6大领域研究成果，为世界经济与国际关系研究提供全方位数据分析，为决策和形势研判提供参考。

法律声明

　　"皮书系列"（含蓝皮书、绿皮书、黄皮书）之品牌由社会科学文献出版社最早使用并持续至今，现已被中国图书市场所熟知。"皮书系列"的相关商标已在中华人民共和国国家工商行政管理总局商标局注册，如 LOGO（ ▗ ）、皮书、Pishu、经济蓝皮书、社会蓝皮书等。"皮书系列"图书的注册商标专用权及封面设计、版式设计的著作权均为社会科学文献出版社所有。未经社会科学文献出版社书面授权许可，任何使用与"皮书系列"图书注册商标、封面设计、版式设计相同或者近似的文字、图形或其组合的行为均系侵权行为。

　　经作者授权，本书的专有出版权及信息网络传播权等为社会科学文献出版社享有。未经社会科学文献出版社书面授权许可，任何就本书内容的复制、发行或以数字形式进行网络传播的行为均系侵权行为。

　　社会科学文献出版社将通过法律途径追究上述侵权行为的法律责任，维护自身合法权益。

　　欢迎社会各界人士对侵犯社会科学文献出版社上述权利的侵权行为进行举报。电话：010-59367121，电子邮箱：fawubu@ssap.cn。

社会科学文献出版社